혼자서도 연주하기 쉬운

스튜디오 지브리

리코더 연주곡집

샐리쌤(우승주) 저

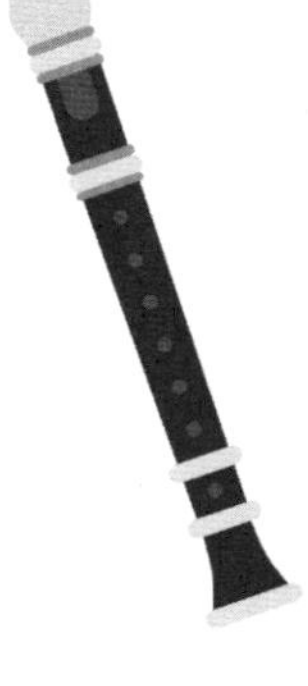

머리말

이 책은 리코더 연주자들을 위해 엄선된 스튜디오 지브리의 명곡들을 담고 있습니다. 리코더의 음역과 운지법을 고려하여 편곡되었으며, 쉬운 가독성을 위해 음표에 계이름과 숫자가 표기되어 있습니다.

주요 특징

스튜디오 지브리 OST 수록

〈센과 치히로의 행방불명〉, 〈벼랑 위의 포뇨〉, 〈하울의 움직이는 성〉 등 스튜디오 지브리의 대표적인 OST 곡들이 수록되어 있습니다.

리코더 연주에 최적화

리코더의 음역과 운지법을 고려하여 편곡되었으며, 연주하기 쉽도록 구성되었습니다.

쉬운 가독성

음표에 계이름과 숫자가 표기되어 있어 초보 연주자도 쉽게 연습할 수 있습니다.

다양한 음원 제공

각 곡의 선율이 있는 AR 음원과 반주만 있는 MR 음원이 제공되어 연습과 발표회 및 공연에 활용할 수 있습니다.

이 책을 통해 아름답고 풍성한 리코더 연주를 누리시길 바랍니다. 늘 응원해 주시는 코나뮤직 교육연구소의 모든 분과 음원 작업을 위해 큰 도움 주신 김정민 교수님, 유다루님, 좋은 기회를 주신 태림스코어 출판 관계자와 편집자님께 고마움을 전합니다.

저자
샐리쌤(우승주)

목차

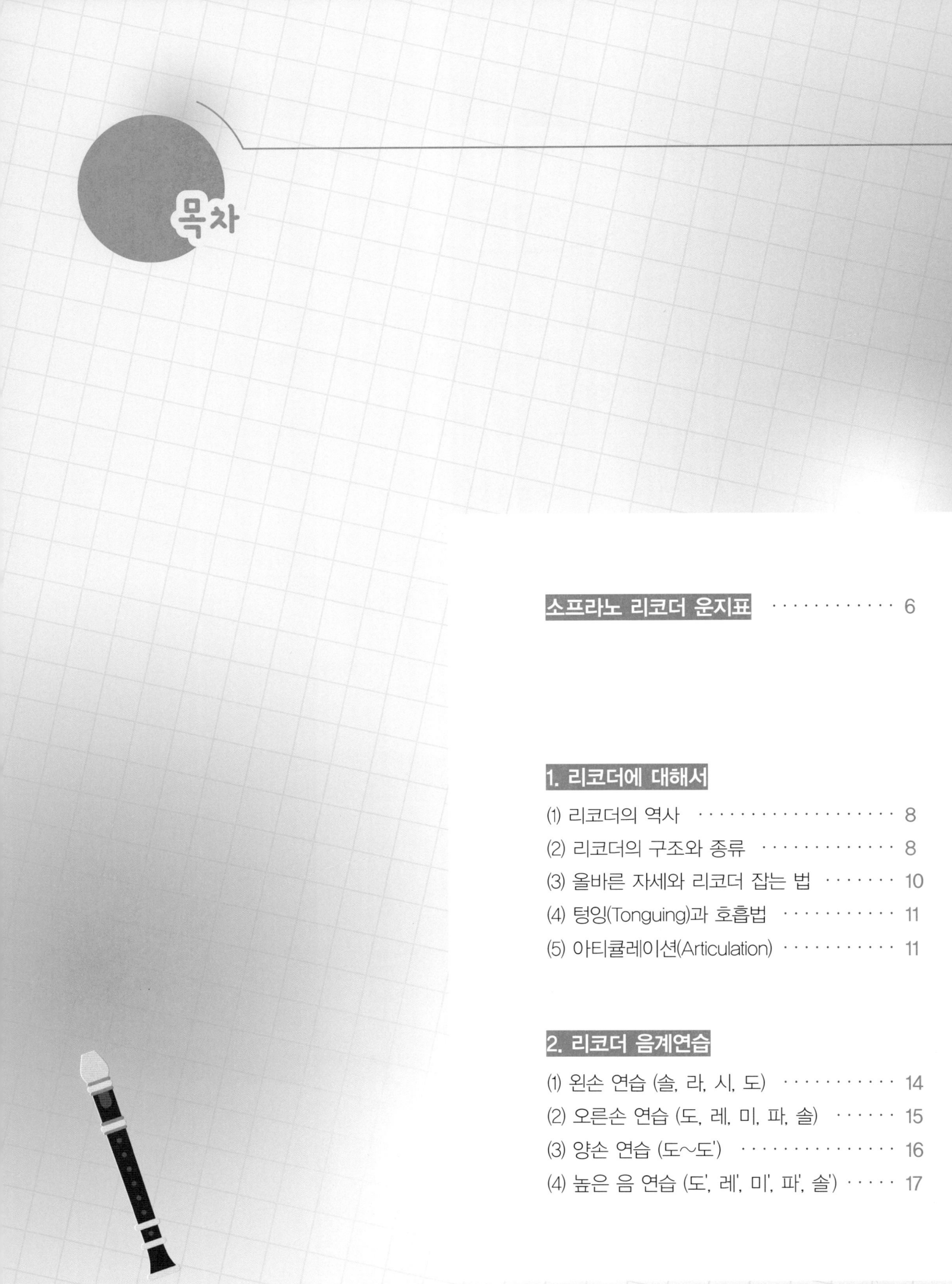

3. 리코더 연주하기

난이도 ★☆☆

난이도 ★★☆

난이도 ★★★

리코더 운지표

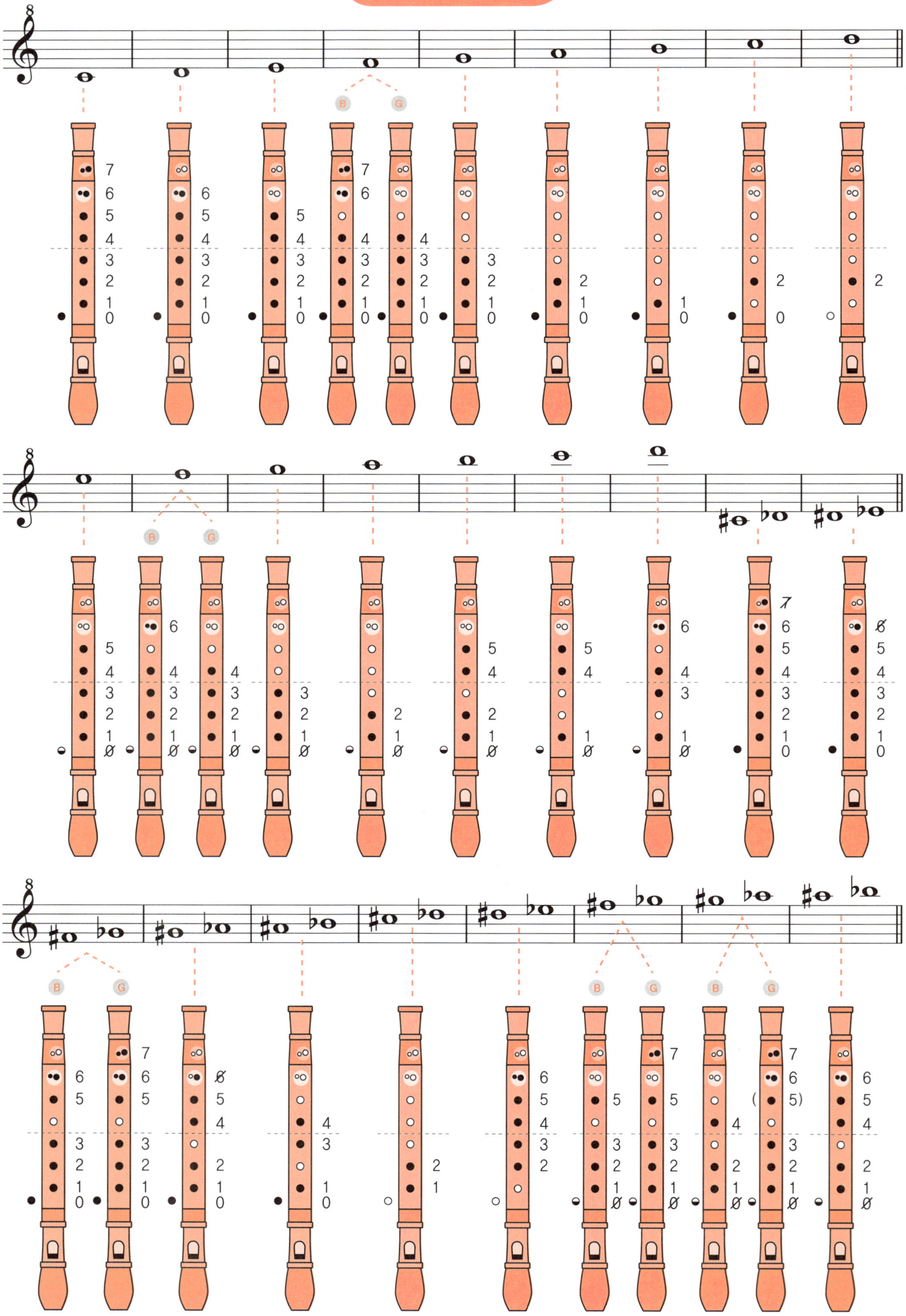

Ⓑ : 바로크식　Ⓖ : 저먼식　● : 막기　○ : 열기　◒ : 조금만 열기

1

리코더에 대해서

1. 리코더의 역사
2.리코더의 구조와 종류
3. 올바른 자세와 리코더 잡는 법
4. 텅잉(Tonguing)과 호흡법
5. 아티큘레이션(Articulation)

1 리코더의 역사

리코더는 유럽에서 가장 오랜 역사를 가진 목관악기입니다. 중세 시대에 등장하여 다양한 변화를 거쳐 현재에 이르렀으며, 여전히 많은 사랑을 받고 있습니다.

중세 시대	리코더는 중세 시대에 처음 등장했습니다. 초기 리코더는 주로 목재로 만들어졌으며, 단일 관악기로 사용되었습니다. 당시에는 다양한 크기와 음역을 가진 리코더가 여러 종류의 음악 작품에 연주되었습니다.
르네상스 시대	리코더는 르네상스 시대에 큰 인기를 얻었습니다. 이때 리코더는 귀족과 평민 모두에게 인기가 있었으며, 유럽 전역에서 사용되었습니다. 특히, 교회 음악에서 활발히 연주되었습니다.
바로크 시대	리코더가 더욱 발전하고 인기를 얻었으며, 이 시기에는 바로크 솔로 연주곡이 많이 작곡되고 연주되었습니다.
현재	18세기 후반부터 19세기에 들어서면서 리코더의 인기가 떨어졌지만, 20세기에는 재조명되었습니다. 교육용으로 많이 사용되며, 현재에도 많은 사랑을 받고 있습니다. 현재 교육용 리코더는 주로 플라스틱으로 제작되며, 다양한 음악 활동에서 사용되고 있습니다.

2 리코더의 구조와 종류

(1) 구조

리코더는 기본적으로 단일 관악기이며, 오늘날 우리가 주로 접하는 리코더는 바로크 시대에 발전된 형태입니다. 크게 윗관(Head), 가운데관(Middle), 아랫관(Foot)으로 나누어져 있으며, 윗관(Head)에는 취구(Mouthpiece)라는 공기를 불어 넣는 곳이 있습니다. 취구는 소리의 질과 정확성에 큰 영향을 미칩니다.

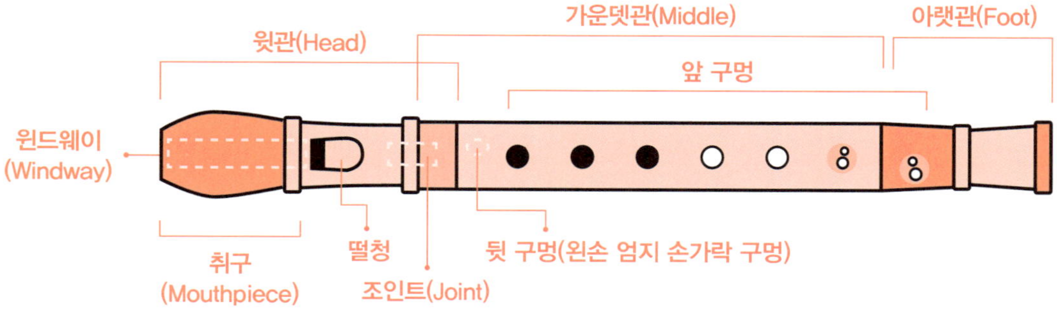

(2) 종류

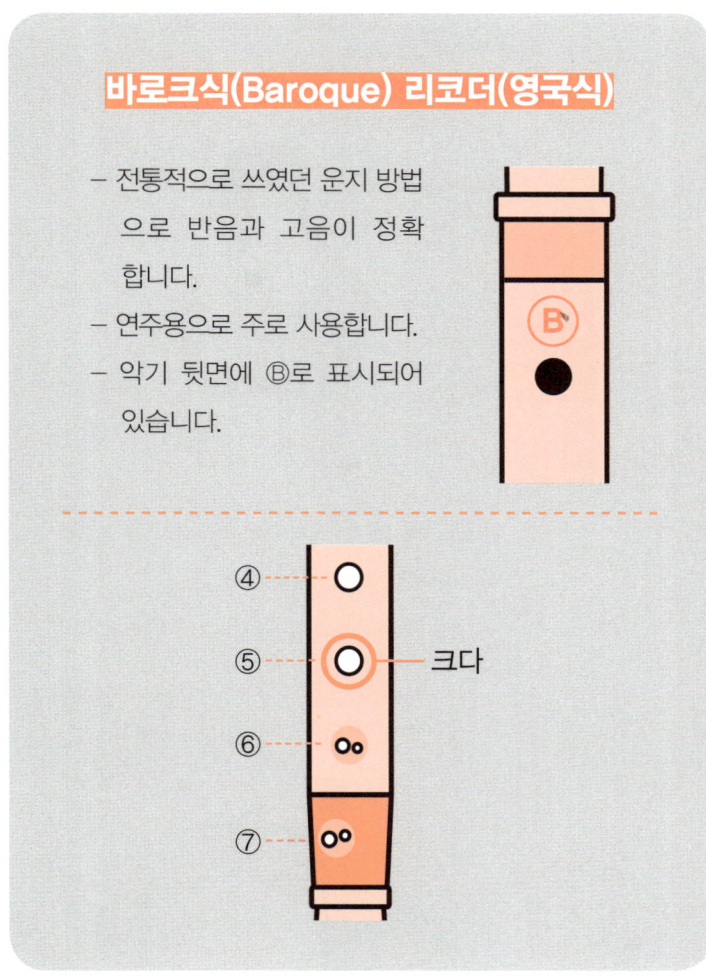

바로크식(Baroque) 리코더(영국식)

- 전통적으로 쓰였던 운지 방법으로 반음과 고음이 정확합니다.
- 연주용으로 주로 사용합니다.
- 악기 뒷면에 Ⓑ로 표시되어 있습니다.

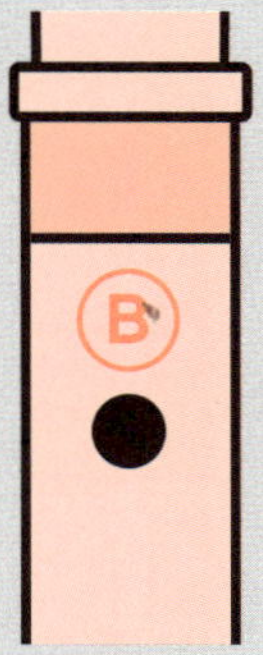

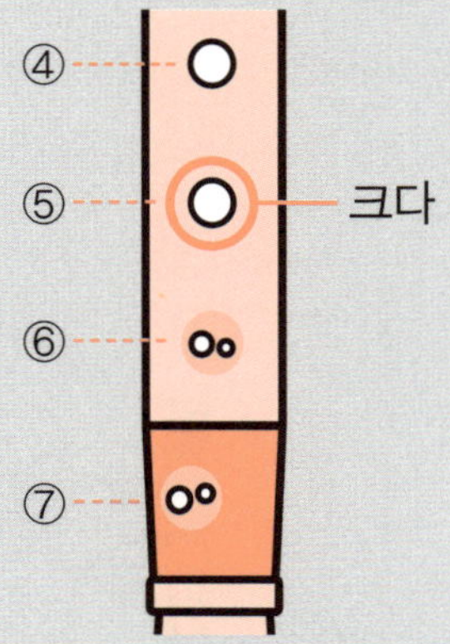

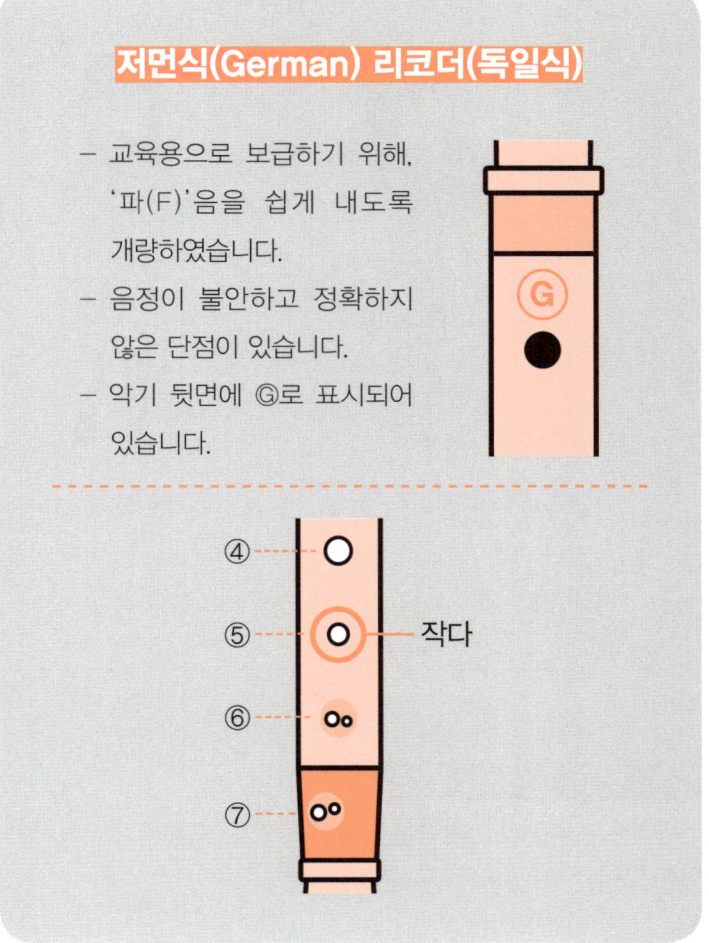

저먼식(German) 리코더(독일식)

- 교육용으로 보급하기 위해, '파(F)'음을 쉽게 내도록 개량하였습니다.
- 음정이 불안하고 정확하지 않은 단점이 있습니다.
- 악기 뒷면에 Ⓖ로 표시되어 있습니다.

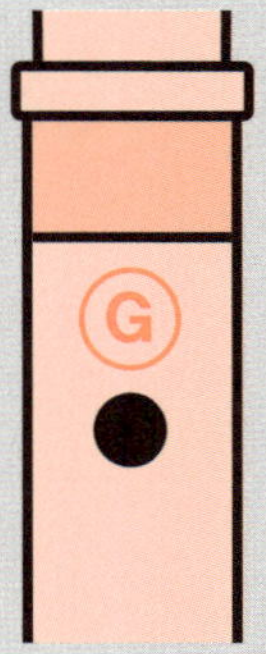

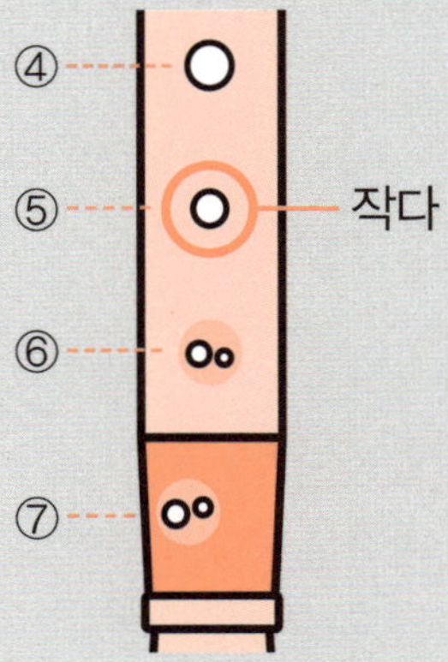

* 리코더의 5번 구멍이 크면 바로크식이고, 작으면 저먼식입니다.

음색/음역에 따른 종류

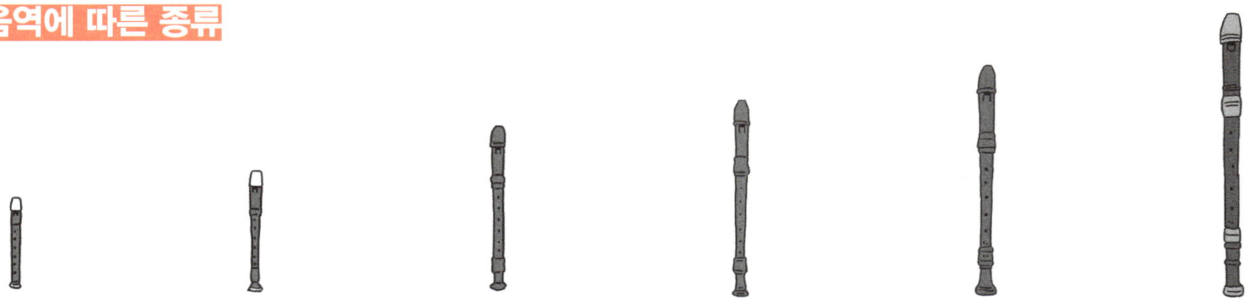

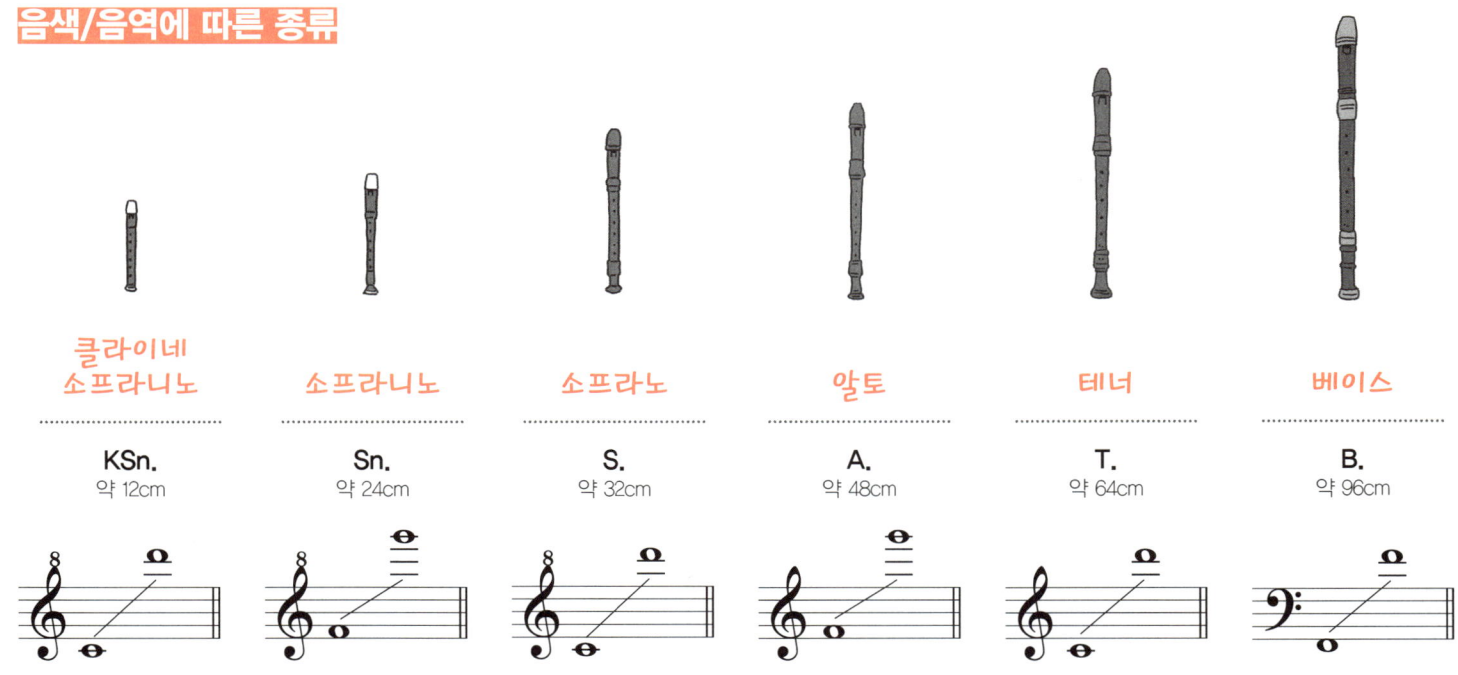

클라이네 소프라니노	소프라니노	소프라노	알토	테너	베이스
KSn. 약 12cm	Sn. 약 24cm	S. 약 32cm	A. 약 48cm	T. 약 64cm	B. 약 96cm

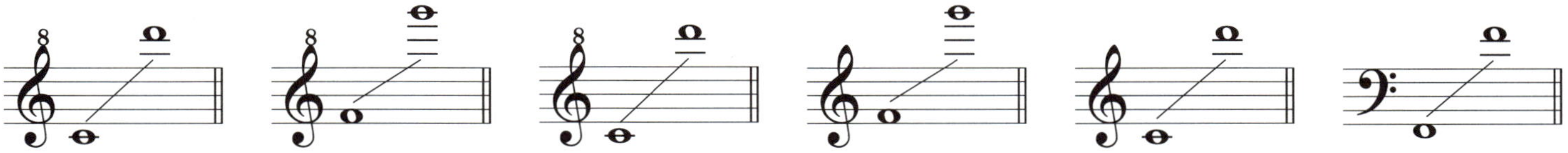

3 올바른 자세와 리코더 잡는 법

서서 연주하기

- 팔꿈치는 자신의 주먹 크기만큼, 다리는 어깨 넓이 정도로 벌립니다.
- 머리를 바로 세우고 눈은 정면을 바라봅니다.

앉아서 연주하기

- 허리를 펴고 의자 끝에 앉아서 두 발을 바닥에 둡니다.
- 등을 똑바로 펴고 약간 걸터 앉습니다.

잡는 법과 손가락 번호

일반적으로 왼손의 손가락이 상단의 구멍을, 오른손의 손가락이 하단의 구멍을 막는 방식으로 연주합니다

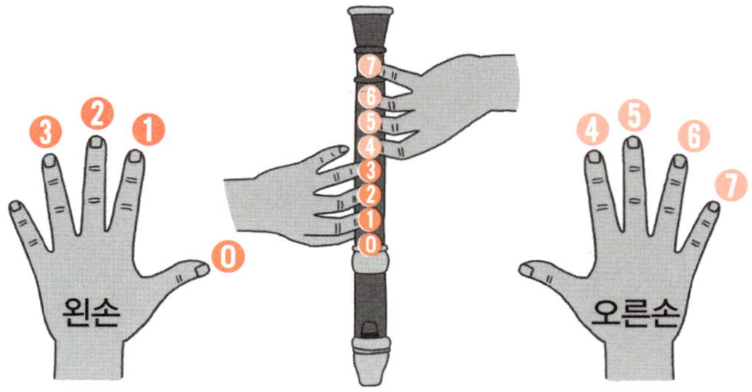

리코더 입술에 대는 방법

X

- 입 안에 너무 깊이 넣지 않습니다.
- 취구에 혀나 이가 닿지 않게 합니다.

O

- 1cm 정도 살짝 입술에 댑니다.

4 텅잉(Tonguing)과 호흡법

텅잉(Tonguing) 음의 시작과 끝을 명확하게 하며, 음을 길게 유지하는 혀의 사용 방법입니다.

- 혀 끝을 윗니 뒤쪽에 가볍게 댑니다.
- 혀를 앞으로 밀면서 '두'라고 발음하며 입 안의 공기를 내보냅니다.
- 음을 끊을 때는 혀 끝을 다시 윗니 뒤쪽에 댑니다.

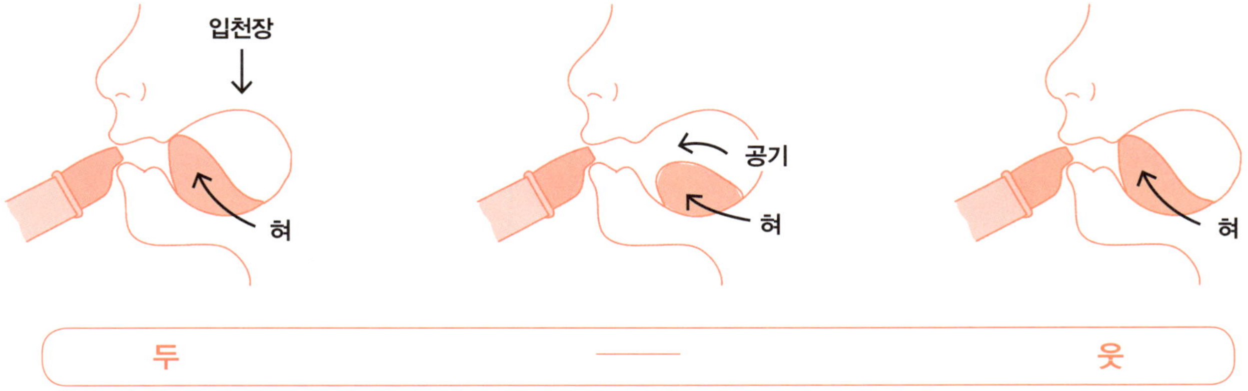

소리가 잘 나지 않을 경우, 음역에 따라 '도', '두', '티'로 발음합니다.

음 높이에 따른 텅잉

정확한 음정을 소리내기 위해서 음 높이에 따라 텅잉을 조금씩 다르게 합니다. 숨의 양과 세기를 발음으로 조절합니다.

호흡법 리코더 연주에서 호흡은 안정적이고 균형 잡힌 소리를 내도록 훈련합니다. 들숨을 할 때에는 아랫배와 등으로도 공기가 들어오는 것을 인지하고, 리코더로 소리를 내는 동안 적당한 양의 공기를 천천히 불어 내어야 합니다. 복식호흡은 더 깊고 안정적인 호흡을 가능하게 하며, 특히 고음 연주 시 필수적입니다.

5 아티큘레이션(Articulation)

포르타토(Portato) 포르타토는 가장 많이 사용되는 주법 중 하나로, 음 사이에 약간의 간격을 두면서 부드럽게 연결하여 연주합니다.

기보

실제음

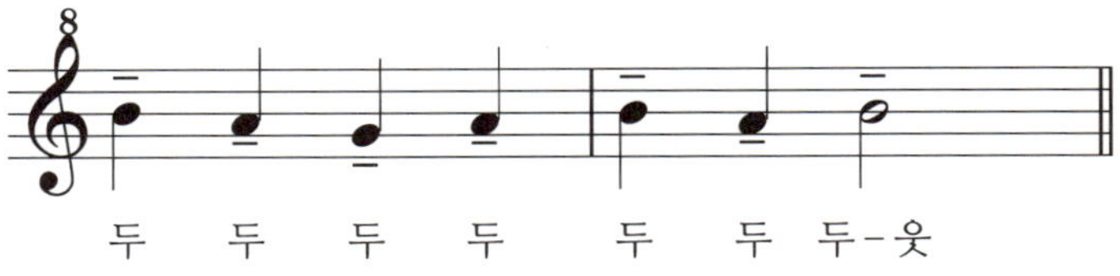

레가토(Legato)

음과 음을 끊지 않고 호흡을 유지하며, 부드럽게 연결하여 연주합니다. 이음줄의 첫 음에만 텅잉을 하고, 나머지 음에서는 텅잉 없이 운지만 합니다.

기보

실제음

논 레가토(Non Legato)

음과 음 사이를 약간 끊어서 연주합니다. 스타카토보다는 조금 길게 소리냅니다.

기보

실제음

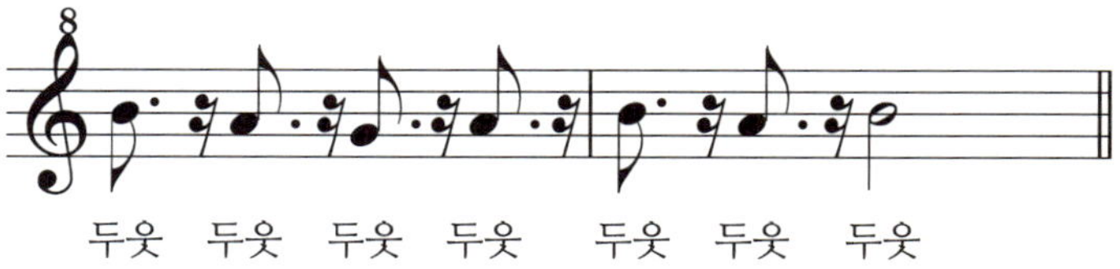

스타카토(Staccato)

음과 음 사이를 짧게 끊어서 연주하는 기법으로 리듬감 있고 명확한 선율을 표현할 수 있습니다. 다만 세게 텅잉하면 거친 소리가 날 수 있으므로 주의해야 합니다.

기보

실제음

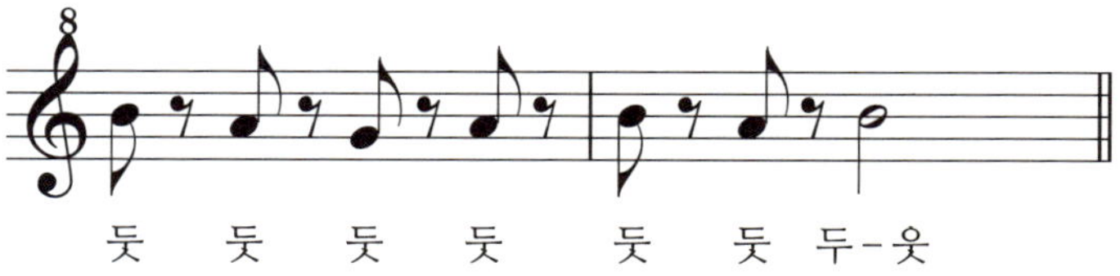

2

리코더 음계연습

왼손 연습 (솔, 라, 시, 도)

오른손 연습 (도, 레, 미, 파, 솔)

양손 연습 (도~도')

높은 음 연습 (도', 레', 미', 파', 솔')

왼/손/연/습 솔라시도' 연습

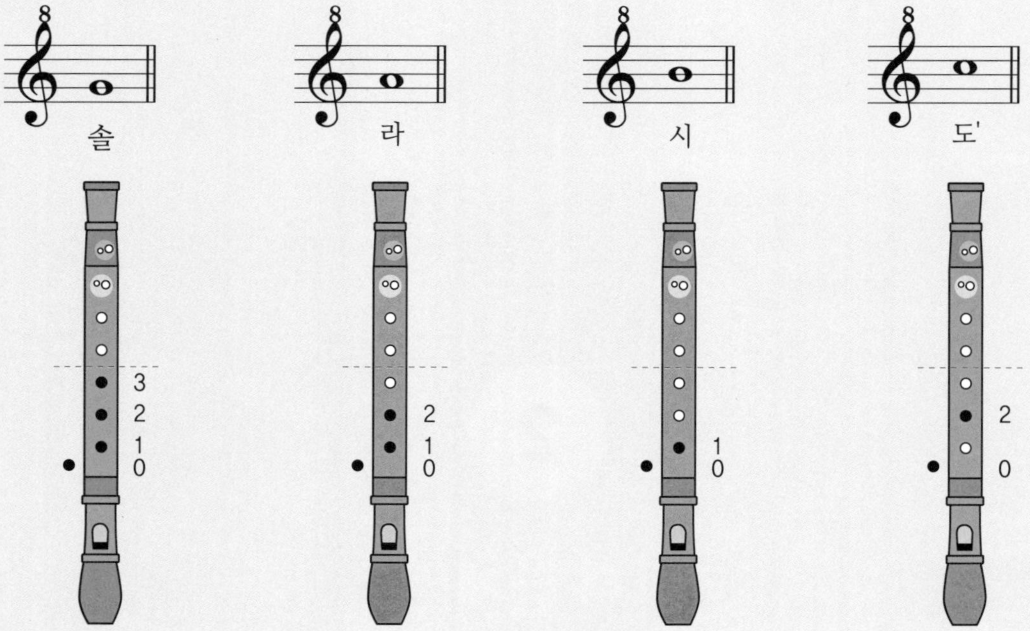
솔
라
시
도'
3
2
1
0
2
1
0
1
0
2
0

연습 1

솔 솔 솔 라 라 라 시 시 시 도' 도' 도'
5 5 5 6 6 6 7 7 7 1' 1' 1'
도' 시 라 시 라 솔 라 솔 라 시 라 도'
1' 7 6 7 6 5 6 5 6 7 6 1'

연습 2

시 솔 라 도' 시 솔 라 라 시 도' 라 시 도' 시
7 5 6 1' 7 5 6 6 7 1' 6 7 1' 7
도' 시 라 솔 라 시 도' 시 솔 라 도' 시 라 솔
1' 7 6 5 6 7 1' 7 5 6 1' 7 6 5

도레미파솔 연습

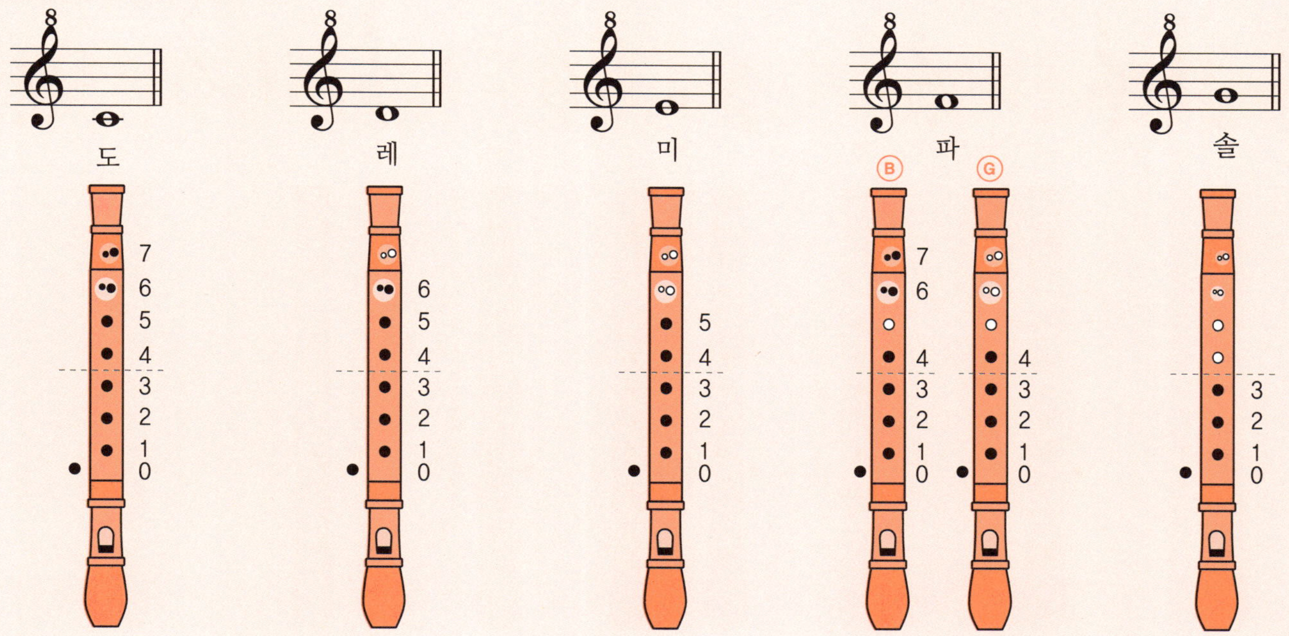
도
레
미
파
솔
B
G
7 6 5 4 3 2 1 0

연습 1

도 도 도 레 레 레 미 미 미 파 파 파
1 1 1 2 2 2 3 3 3 4 4 4
솔 솔 솔 솔 파 미 파 미 레 미 레 도
5 5 5 5 4 3 4 3 2 3 2 1

연습 2

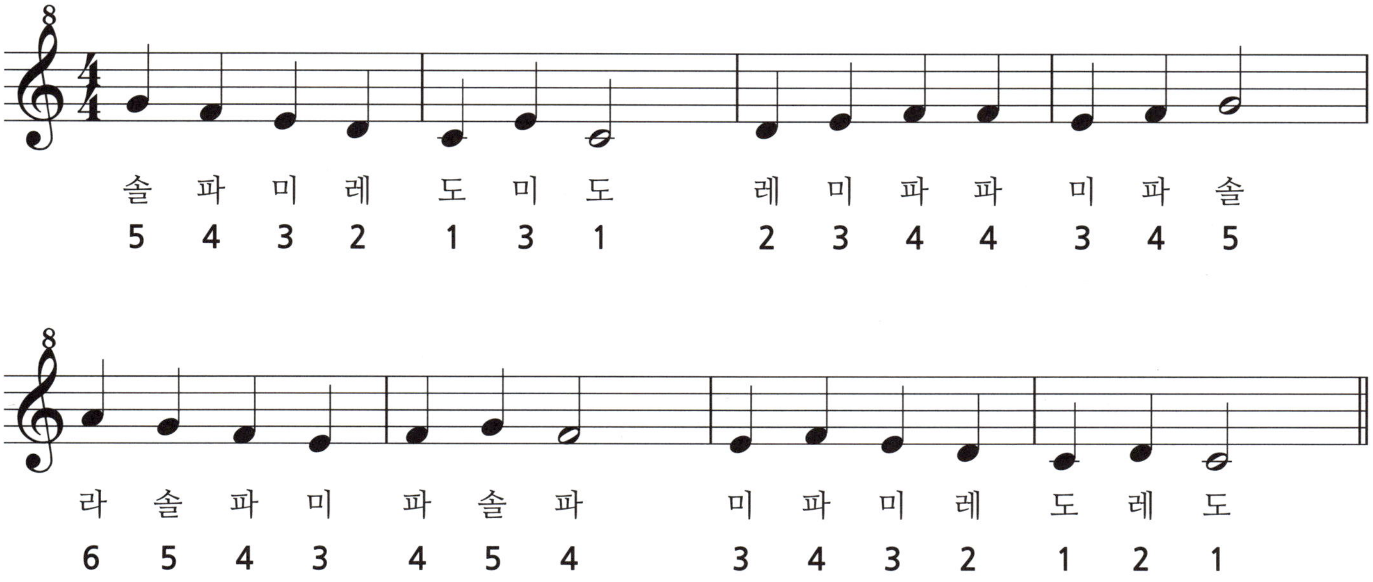
솔 파 미 레 도 미 도 레 미 파 파 미 파 솔
5 4 3 2 1 3 1 2 3 4 4 3 4 5
라 솔 파 미 파 솔 파 미 파 미 레 도 레 도
6 5 4 3 4 5 4 3 4 3 2 1 2 1

도레미파솔라시도' 연습

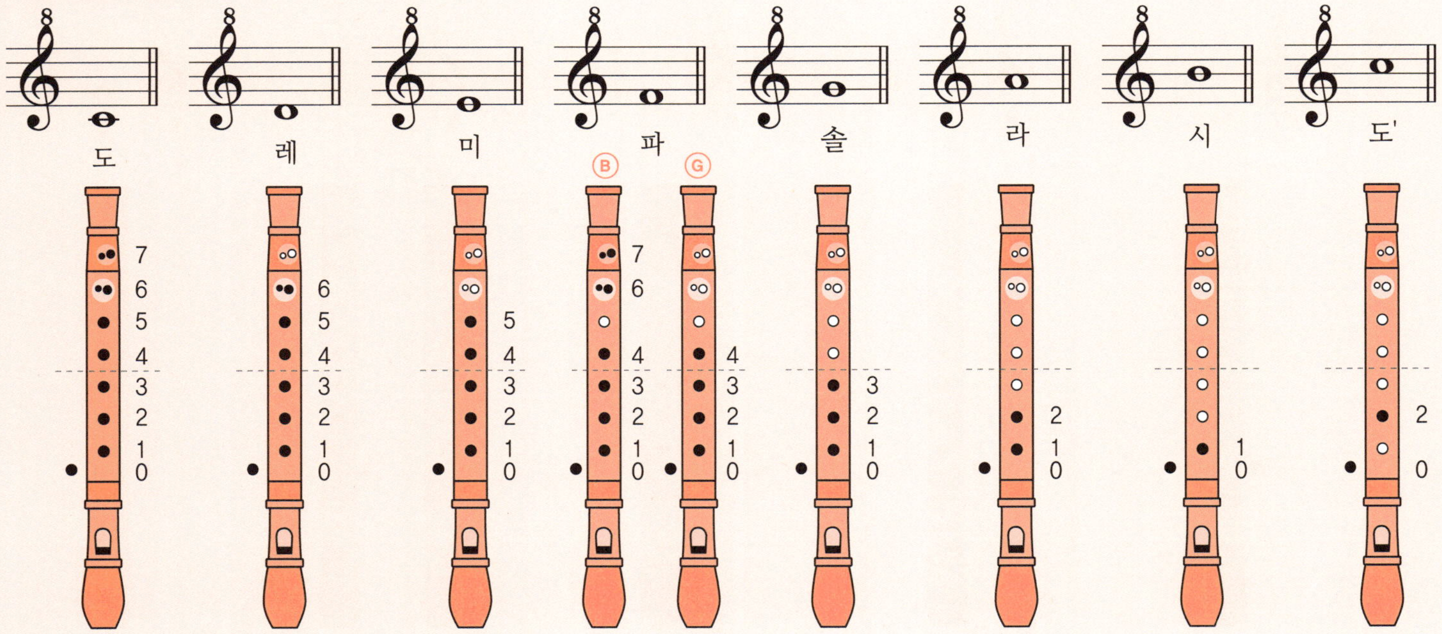
도
레
미
파
B
G
솔
라
시
도'

연습 1

도 레 미 파 솔 라 시 도'
1 2 3 4 5 6 7 1'
시 라 솔 파 미 레 도 레 도
7 6 5 4 3 2 1 2 1

연습 2

도 미 솔 시 도' 시 솔 미 도 레
1 3 5 7 1' 7 5 3 1 2
레 파 라 도' 도' 솔 미 파 미 레 미 도
2 4 6 1' 1' 5 3 4 3 2 3 1

도'레'미'파'솔' 연습

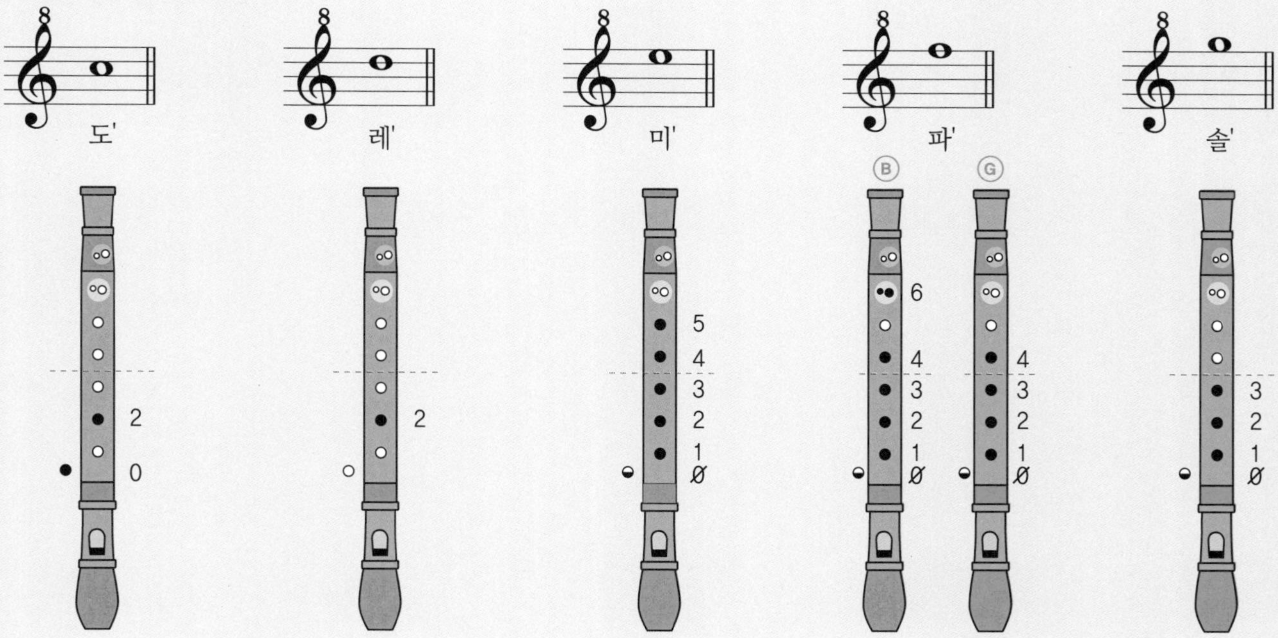

연습 1

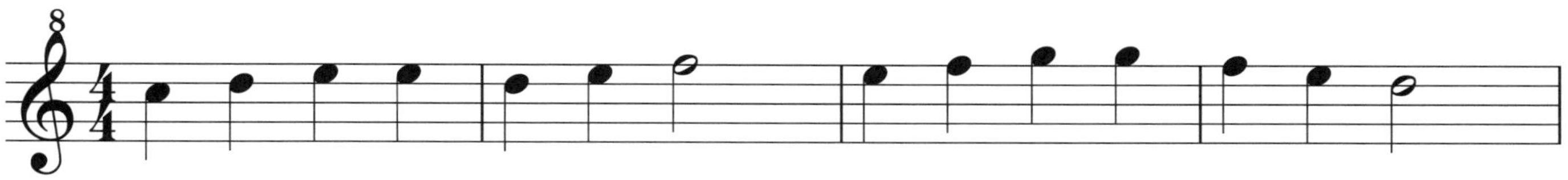

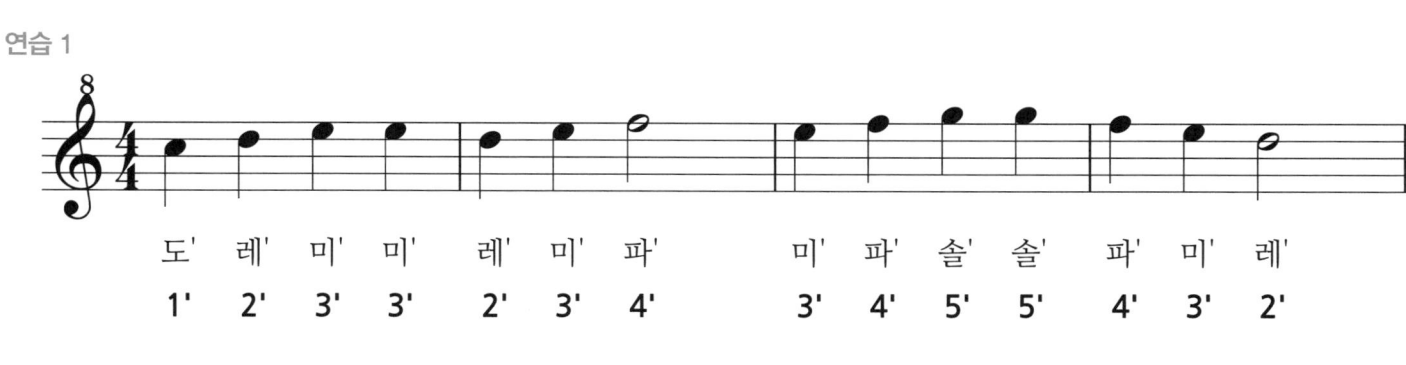

도' 레' 미' 미' 레' 미' 파' 미' 파' 솔' 솔' 파' 미' 레'

1' 2' 3' 3' 2' 3' 4' 3' 4' 5' 5' 4' 3' 2'

레' 미' 파' 파' 미' 파' 솔' 파' 미' 레' 파' 미' 레' 도'

2' 3' 4' 4' 3' 4' 5' 4' 3' 2' 4' 3' 2' 1'

연습 2

도' 레' 미' 파' 솔' 파' 미' 레' 도' 레' 미' 파' 솔'

1' 2' 3' 4' 5' 4' 3' 2' 1' 2' 3' 4' 5'

솔' 파' 미' 레' 도' 레' 미' 파' 솔' 파' 미' 레' 도'

5' 4' 3' 2' 1' 2' 3' 4' 5' 4' 3' 2' 1'

3

리코더 연주하기

난이도 ★☆☆

AR MR

너를 태우고

천공의 성 라퓨타 OST

히사이시 조, 미야자키 하야오 작곡

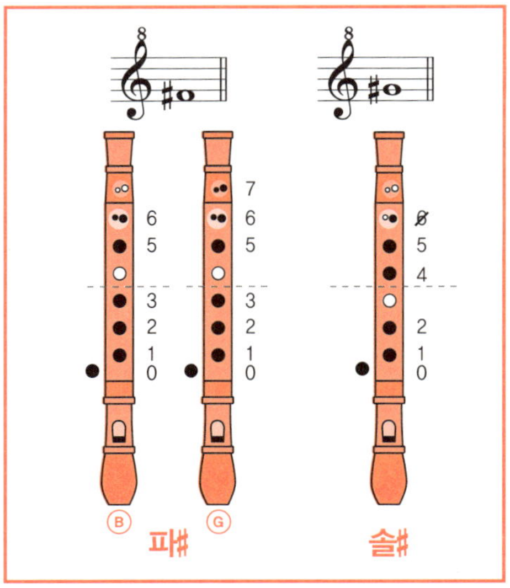

B 파# G
솔#

Am Em F
라 시 도' 시 도' 미' 시 미 라 솔 라 도'
6 7 1' 7 1' 3' 7 3 6 5 6 1'
4 C Dm C
솔 미 미 파 미 파 도' 미 도' 도'
5 3 3 4 3 4 1' 3 1' 1'
7 B E7 Am
시 파# 파# 시 시 도' 레' 라 시 도' 시 도' 미'
7 4# 4# 7 7 1' 2' 6 7 1' 7 1' 3'
10 Em F C
시 미 미 라 솔 라 도' 솔 미
7 3 3 6 5 6 1' 5 3
13 Dm Am Dm E
파 도' 시 도' 레' 레' 미' 도' 도' 시 라 시 솔#
4 1' 7 1' 2' 2' 3' 1' 1' 7 6 7 5#

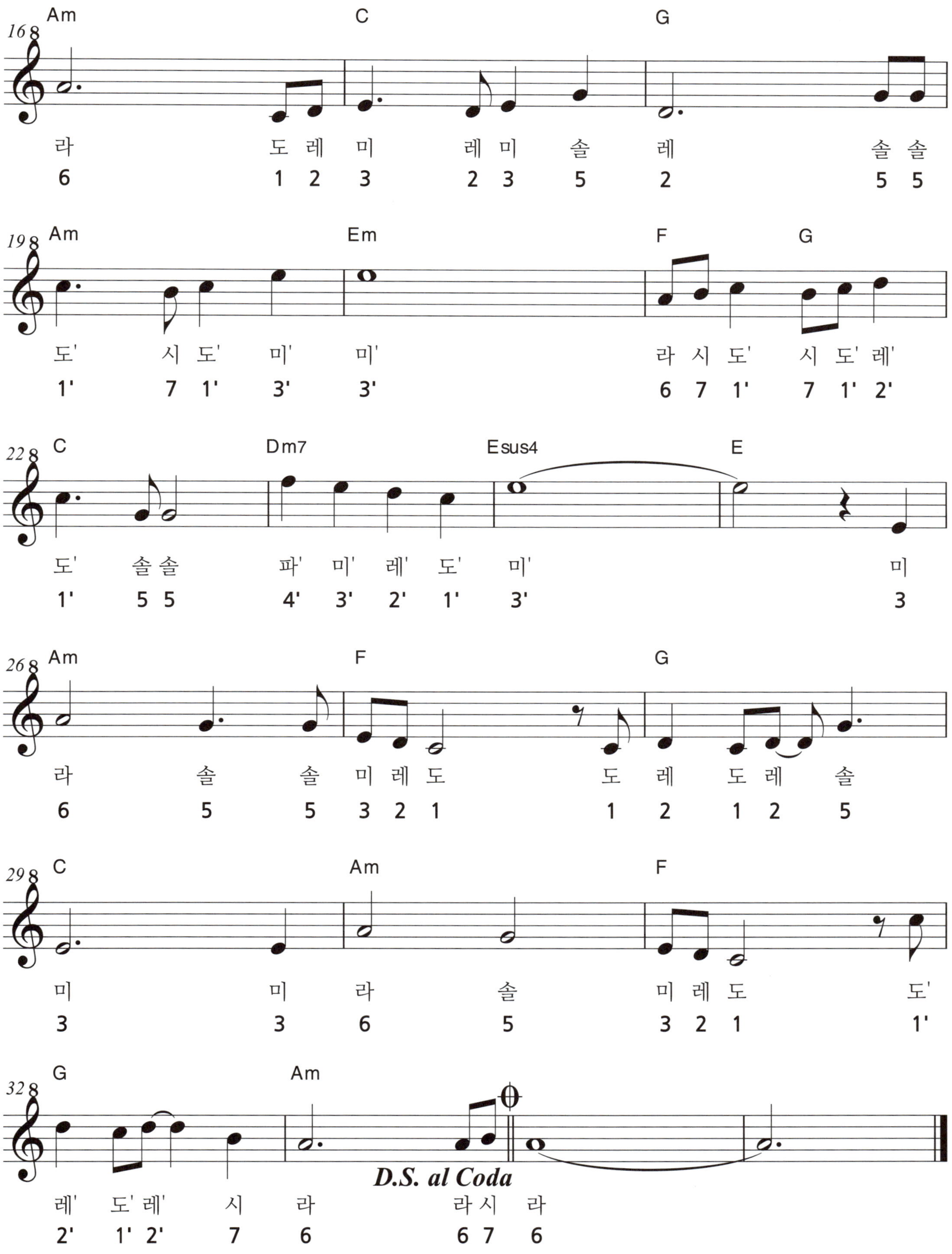
Am C G
라 도 레 미 레 미 솔 레 솔 솔
6 1 2 3 2 3 5 2 5 5
Am Em F G
도' 시 도' 미' 미' 라 시 도' 시 도' 레'
1' 7 1' 3' 3' 6 7 1' 7 1' 2'
C Dm7 Esus4 E
도' 솔 솔 파' 미' 레' 도' 미' 미
1' 5 5 4' 3' 2' 1' 3' 3
Am F G
라 솔 솔 미 레 도 도 레 도 레 솔
6 5 5 3 2 1 1 2 1 2 5
C Am F
미 미 라 솔 미 레 도 도'
3 3 6 5 3 2 1 1'
G Am
D.S. al Coda
레' 도' 레' 시 라 라 시 라
2' 1' 2' 7 6 6 7 6

AR MR

다정함에 감싸 안긴다면

마녀 배달부 키키 OST

아라이 유미 작곡

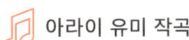

C D Bm Em
도 도' 시 솔 미 라 레 레 미 솔 레 레
1 1' 7 5 3 6 2 2 3 5 2 2
4 Am F Dm
도 도 도 라 솔 미레도 레 레미
1 1 1 6 5 3 2 1 2 2 3
7 Gsus4 G C
솔 라 도' 라 솔 도 도' 시 솔 미
5 6 1' 6 5 1 1' 7 5 3
10 D Bm Em Am
라 레 레 미 솔 레 레 도
6 2 2 3 5 2 2 1

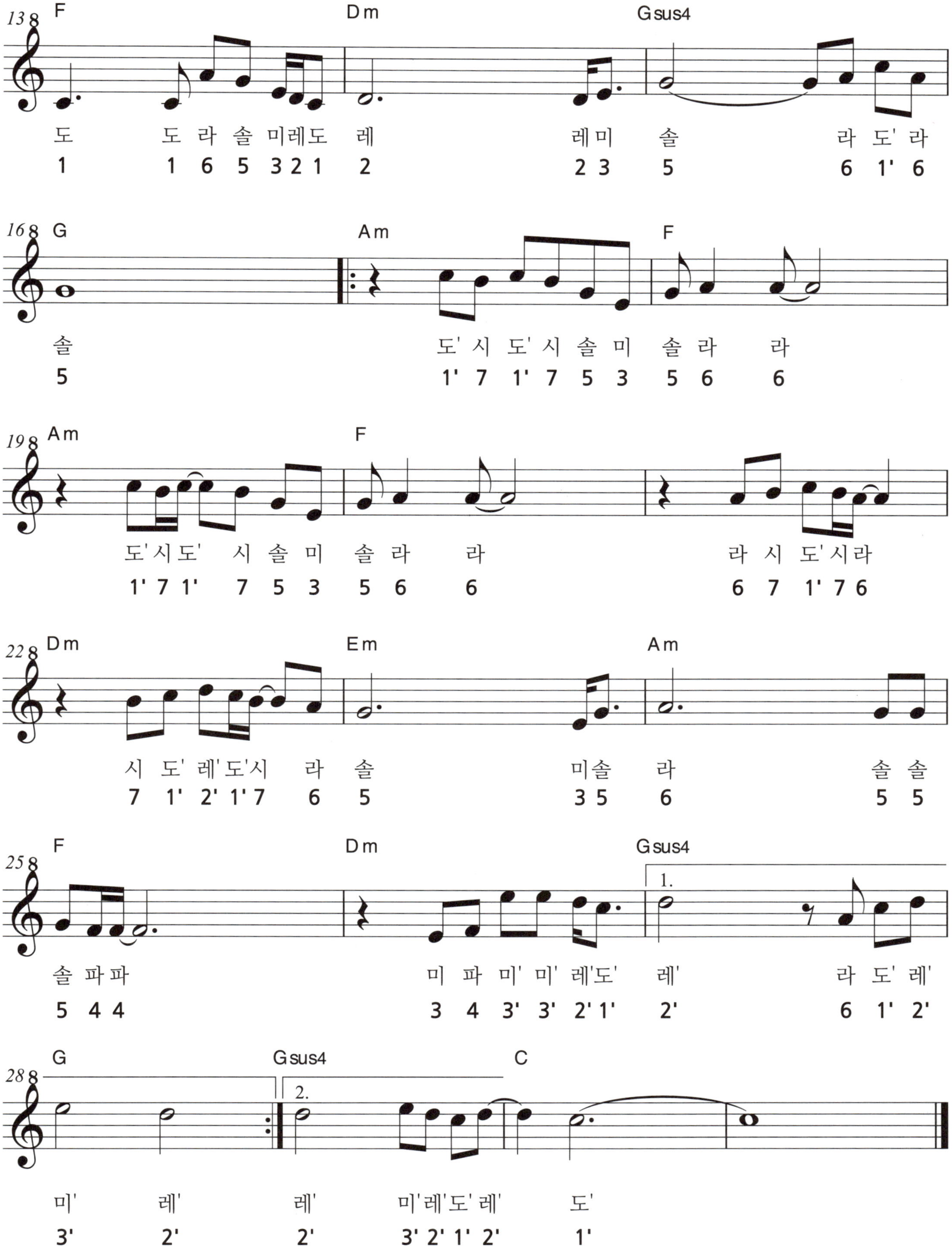

13
F Dm Gsus4
도 도 라 솔 미레도 레 레미 솔 라 도' 라
1 1 6 5 3 2 1 2 2 3 5 6 1' 6
16
G Am F
솔 도' 시 도' 시 솔 미 솔 라 라
5 1' 7 1' 7 5 3 5 6 6
19
Am F
도'시도' 시 솔 미 솔 라 라 라 시 도'시라
1' 7 1' 7 5 3 5 6 6 6 7 1' 7 6
22
Dm Em Am
시 도' 레'도'시 라 솔 미솔 라 솔 솔
7 1' 2' 1' 7 6 5 3 5 6 5 5
25
F Dm Gsus4
1.
솔 파파 미 파 미' 미' 레'도' 레' 라 도' 레'
5 4 4 3 4 3' 3' 2' 1' 2' 6 1' 2'
28
G Gsus4 C
2.
미' 레' 레' 미'레'도'레' 도'
3' 2' 2' 3' 2' 1' 2' 1'

AR MR

루즈의 전언

마녀 배달부 키키 OST

아라이 유미 작곡

C
Am
솔 솔 솔 미 솔 솔 라 도'레'도' 미'레'도'
5 5 5 3 5 5 6 1' 2' 1' 3' 2' 1'
5
C
Am
솔 솔 솔 미 솔 솔 라 도' 레' 도' 미' 레' 도'
5 5 5 3 5 5 6 1' 2' 1' 3' 2' 1'
8
Am
F
G7
3
라 시 도' 파 파 솔 라 솔 라 시 솔
6 7 1' 4 4 5 6 5 6 7 5
11
C
Am
F
도' 도' 시 라 솔 라 솔 미 파 파 솔 라
1' 1' 7 6 5 6 5 3 4 4 5 6
14
G7
C
G7
1.
솔 라 시 솔 도'
5 6 7 5 1'

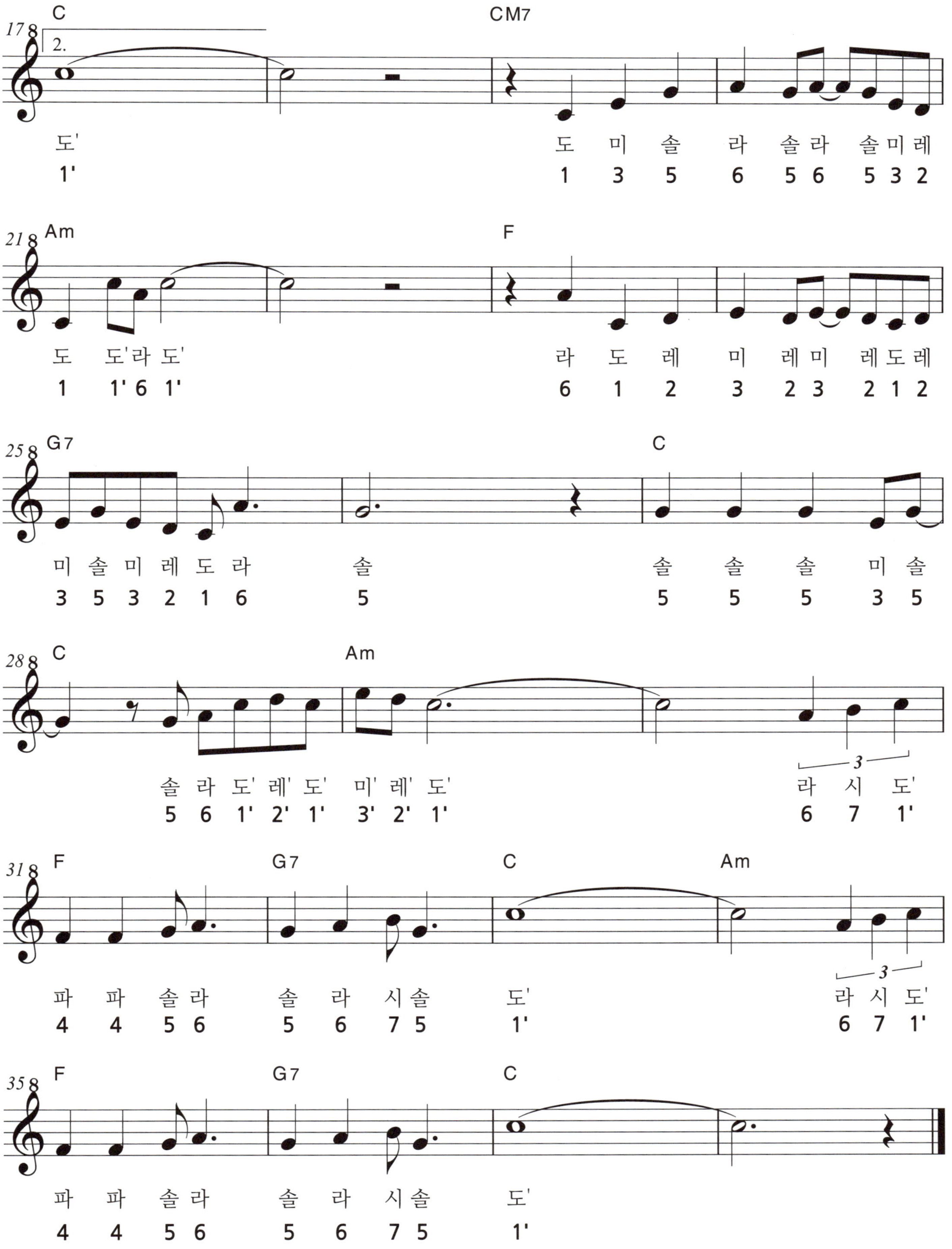
C CM7
2.
도' 도 미 솔 라 솔 라 솔 미 레
1' 1 3 5 6 5 6 5 3 2
Am F
도 도'라 도' 라 도 레 미 레 미 레 도 레
1 1' 6 1' 6 1 2 3 2 3 2 1 2
G7 C
미 솔 미 레 도 라 솔 솔 솔 솔 미 솔
3 5 3 2 1 6 5 5 5 5 3 5
C Am
솔 라 도' 레' 도' 미' 레' 도' 라 시 도'
5 6 1' 2' 1' 3' 2' 1' 6 7 1'
F G7 C Am
파 파 솔 라 솔 라 시 솔 도' 라 시 도'
4 4 5 6 5 6 7 5 1' 6 7 1'
F G7 C
파 파 솔 라 솔 라 시 솔 도'
4 4 5 6 5 6 7 5 1'

AR MR

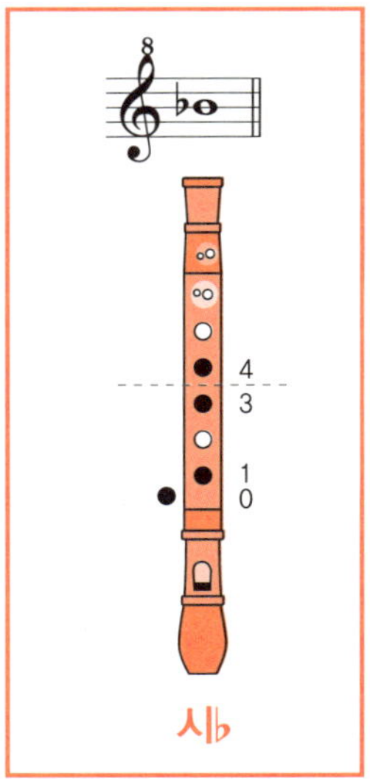
4
3
1
0
시♭

모노노케 히메

모노노케 히메 OST

히사이시 조, 미야자키 하야오, 자스락 작곡

Dm C B♭M7
레 라 라 솔 라 라 도' 솔 레 라 라 솔 라 라
2 6 6 5 6 6 1' 5 2 6 6 5 6 6
4
Am7 Gm C F
도' 라 도' 레' 레' 레' 레' 레' 레' 도' 솔 라
1' 6 1' 2' 2' 2' 2' 2' 2' 1' 5 6
7
E♭ A Dm
솔 솔 솔 라 솔 레 라 레 라 라 솔 라 도'
5 5 5 6 5 2 6 2 6 6 5 6 1'

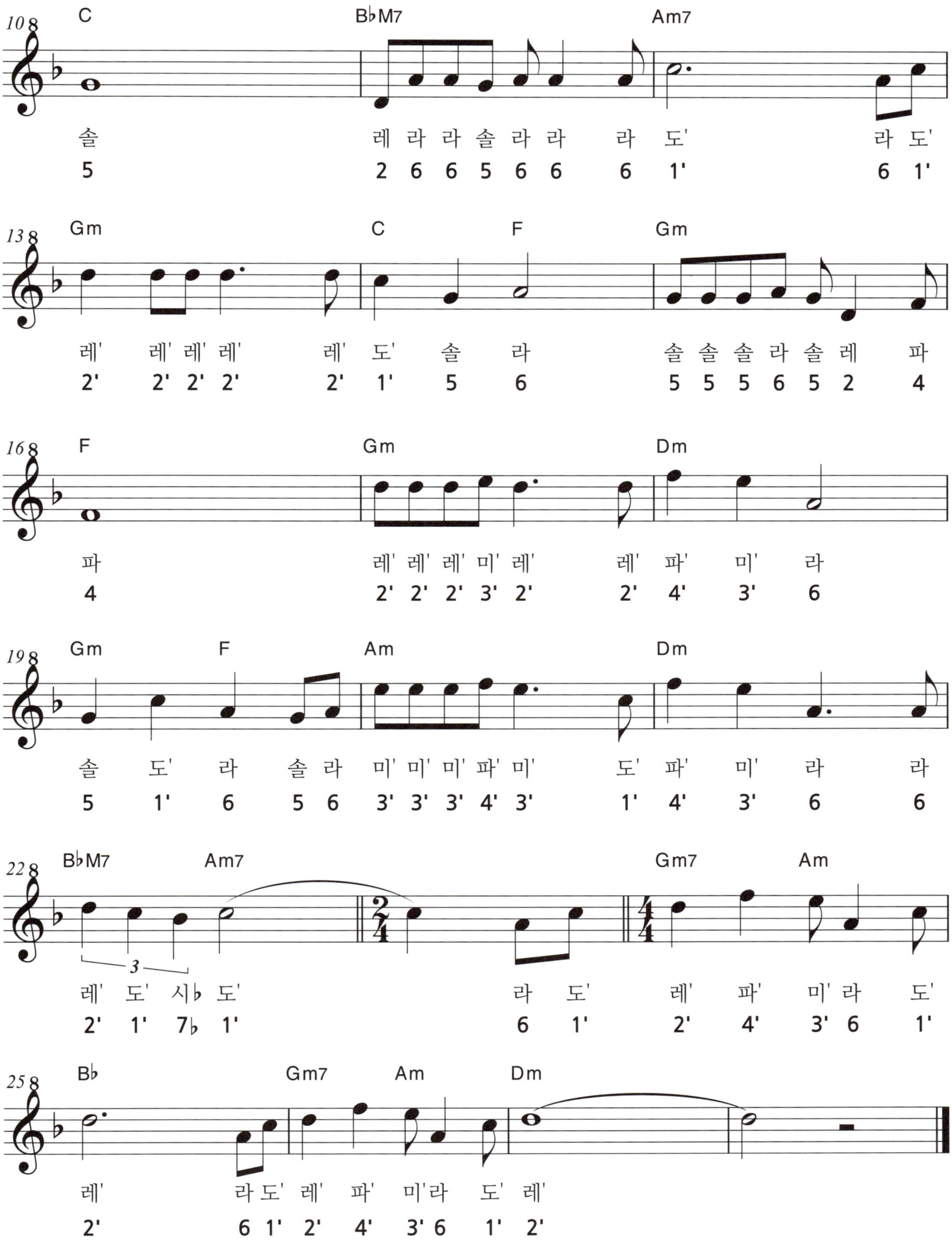
10 C B♭M7 Am7
솔 레 라 라 솔 라 라 라 도' 라 도'
5 2 6 6 5 6 6 6 1' 6 1'
13 Gm C F Gm
레' 레' 레' 레' 레' 도' 솔 라 솔 솔 솔 라 솔 레 파
2' 2' 2' 2' 2' 1' 5 6 5 5 5 6 5 2 4
16 F Gm Dm
파 레' 레' 레' 미' 레' 레' 파' 미' 라
4 2' 2' 2' 3' 2' 2' 4' 3' 6
19 Gm F Am Dm
솔 도' 라 솔 라 미' 미' 미' 파' 미' 도' 파' 미' 라 라
5 1' 6 5 6 3' 3' 3' 4' 3' 1' 4' 3' 6 6
22 B♭M7 Am7 Gm7 Am
3
레' 도' 시♭ 도' 라 도' 레' 파' 미' 라 도'
2' 1' 7♭ 1' 6 1' 2' 4' 3' 6 1'
25 B♭ Gm7 Am Dm
레' 라 도' 레' 파' 미'라 도' 레'
2' 6 1' 2' 4' 3' 6 1' 2'

AR MR

벼랑 위의 포뇨

벼랑 위의 포뇨 OST

히사이시 조 작곡

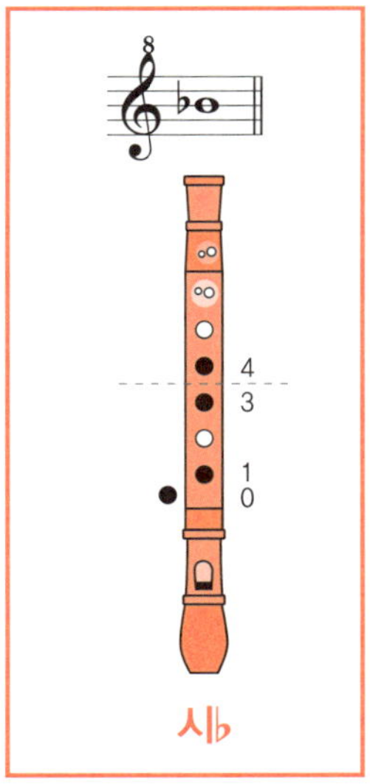
4
3
1
0
시♭

F B♭ F C7 C♯dim Dm
도' 라 파 도 도 도 레 파 시♭레' 도' 라 시♭솔 솔 시♭라 파 라
1' 6 4 1 1 1 2 4 7♭ 2' 1' 6 7♭ 5 5 7♭ 6 4 6
Gm C7 F B♭ F
솔 레 미 파 솔 도' 라 파 도 도 도 레 파 시♭레' 도' 라
5 2 3 4 5 1' 6 4 1 1 1 2 4 7♭ 2' 1' 6
Gm F C7 F C
시♭솔 솔 시♭라 파 라 솔 미 파 파 도 파 솔
7♭ 5 5 7♭ 6 4 6 5 3 4 4 1 4 5
C F F7 B♭ F C7
솔 도 솔 라 라 파 라 시♭도' 레' 도' 라 파 솔
5 1 5 6 6 4 6 7♭ 1' 2' 1' 6 4 5
F C F F7 B♭ C7 F
파 도 파 솔 솔 도 솔 라 라 파 라 시♭도' 레' 도' 라 도 파
4 1 4 5 5 1 5 6 6 4 6 7♭ 1' 2' 1' 6 1 4

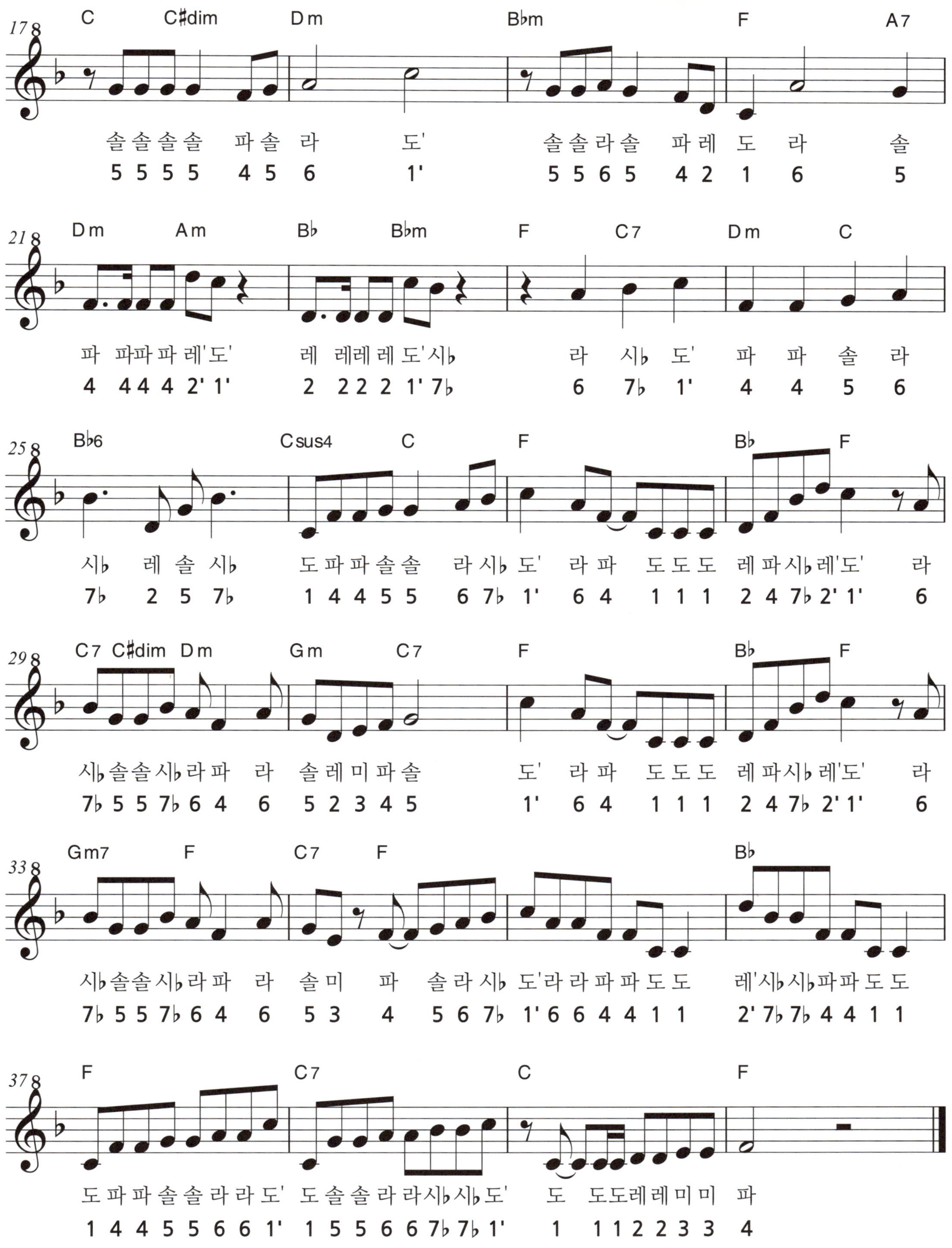

C C♯dim Dm B♭m F A7
솔솔솔솔 파솔 라 도' 솔솔라솔 파레 도 라 솔
5 5 5 5 4 5 6 1' 5 5 6 5 4 2 1 6 5
Dm Am B♭ B♭m F C7 Dm C
파 파파파 레'도' 레 레레레 도'시♭ 라 시♭ 도' 파 파 솔 라
4 4 4 4 2' 1' 2 2 2 2 1' 7♭ 6 7♭ 1' 4 4 5 6
B♭6 Csus4 C F B♭ F
시♭ 레 솔 시♭ 도파파솔솔 라시♭도' 라파 도도도 레파시♭레'도' 라
7♭ 2 5 7♭ 1 4 4 5 5 6 7♭ 1' 6 4 1 1 1 2 4 7♭ 2' 1' 6
C7 C♯dim Dm Gm C7 F B♭ F
시♭솔솔시♭라파 라 솔레미파솔 도' 라파 도도도 레파시♭레'도' 라
7♭ 5 5 7♭ 6 4 6 5 2 3 4 5 1' 6 4 1 1 1 2 4 7♭ 2' 1' 6
Gm7 F C7 F B♭
시♭솔솔시♭라파 라 솔미 파 솔라시♭ 도'라라파파도도 레'시♭시♭파파도도
7♭ 5 5 7♭ 6 4 6 5 3 4 5 6 7♭ 1' 6 6 4 4 1 1 2' 7♭ 7♭ 4 4 1 1
F C7 C F
도파파솔솔라라도' 도솔솔라라시♭시♭도' 도 도도레레미미 파
1 4 4 5 5 6 6 1' 1 5 5 6 6 7♭ 7♭ 1' 1 1 1 2 2 3 3 4

AR MR

아리에티의 노래

마루 밑 아리에티 OST

사이먼 카비, 세실 코르벨, 자스락 작곡

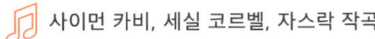

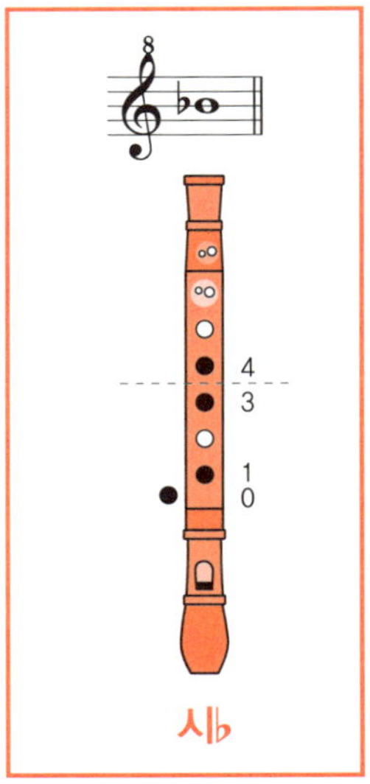

4
3
1
0
시♭

Dm C Dm C
레 라 라 라 솔 솔 파 라 레 레
2 6 6 6 5 5 4 6 2 2
5
Dm C Dm C
라 라 솔 파 솔 파 라 도'
6 6 5 4 5 4 6 1'
9
Dm C Dm C Dm
레' 도' 솔 파 솔 파 라
2' 1' 5 4 5 4 6
14
B♭ C7 Dm
레 라 솔 솔 파 솔 파 레 레 미 파
2 6 5 5 4 5 4 2 2 3 4
18
Gm F B♭ C
시♭ 레' 도' 도' 레' 레' 미' 레' 도'
7♭ 2' 1' 1' 2' 2' 3' 2' 1'

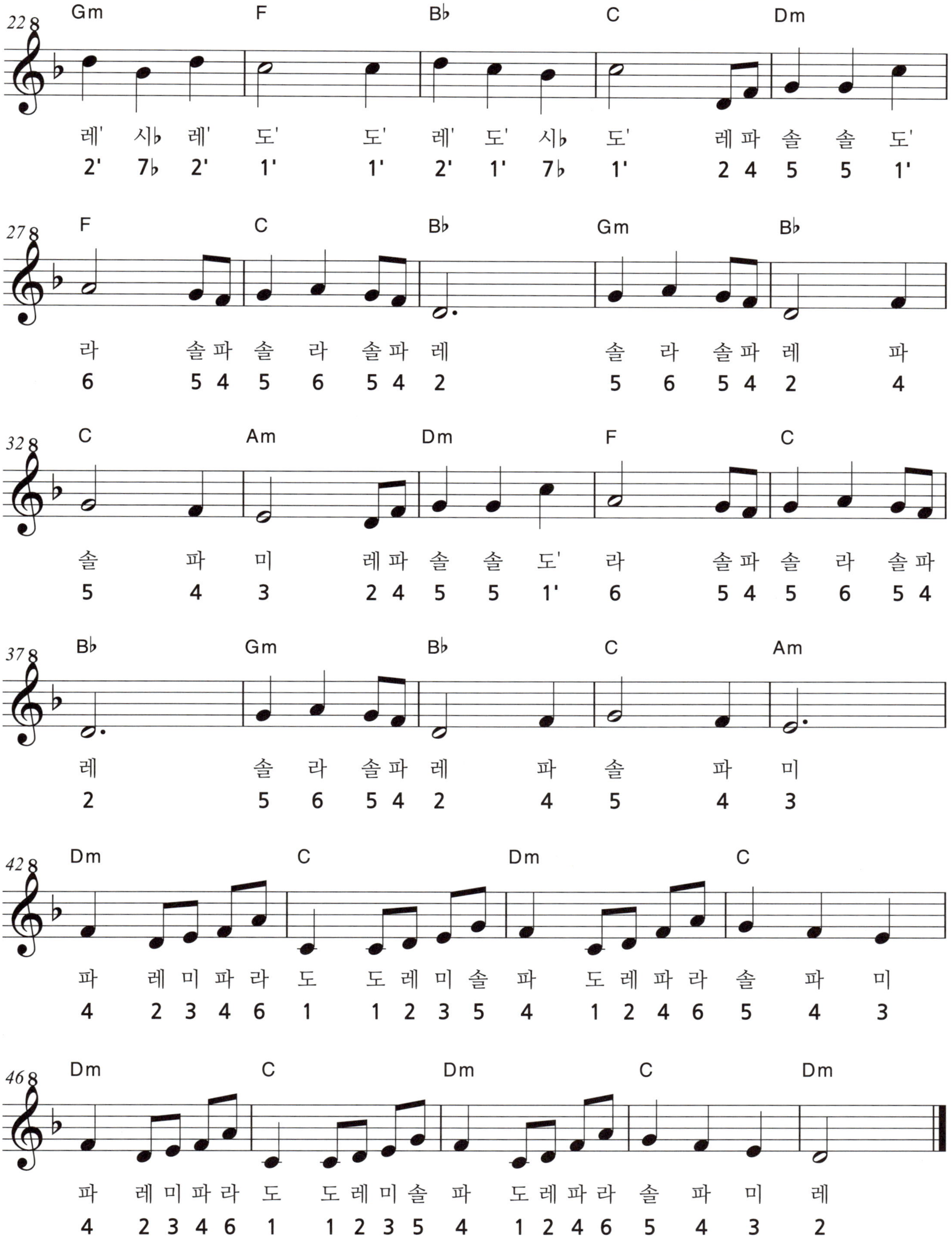
22
Gm F B♭ C Dm
레' 시♭ 레' 도' 도' 레' 도' 시♭ 도' 레 파 솔 솔 도'
2' 7♭ 2' 1' 1' 2' 1' 7♭ 1' 2 4 5 5 1'
27
F C B♭ Gm B♭
라 솔 파 솔 라 솔 파 레 솔 라 솔 파 레 파
6 5 4 5 6 5 4 2 5 6 5 4 2 4
32
C Am Dm F C
솔 파 미 레 파 솔 솔 도' 라 솔 파 솔 라 솔 파
5 4 3 2 4 5 5 1' 6 5 4 5 6 5 4
37
B♭ Gm B♭ C Am
레 솔 라 솔 파 레 파 솔 파 미
2 5 6 5 4 2 4 5 4 3
42
Dm C Dm C
파 레 미 파 라 도 도 레 미 솔 파 도 레 파 라 솔 파 미
4 2 3 4 6 1 1 2 3 5 4 1 2 4 6 5 4 3
46
Dm C Dm C Dm
파 레 미 파 라 도 도 레 미 솔 파 도 레 파 라 솔 파 미 레
4 2 3 4 6 1 1 2 3 5 4 1 2 4 6 5 4 3 2

AR MR

아시타카와 산

모노노케 히메 OST

히사이시 조 작곡

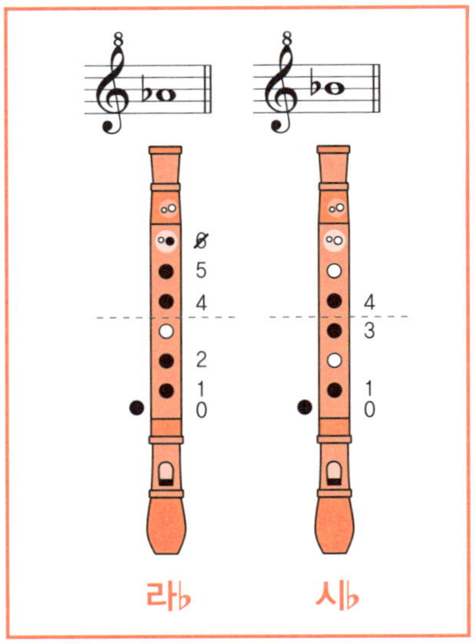

라♭
시♭

C F
솔 도' 도' 레' 레' 미' 미' 미' 솔' 레' 도' 레'
5 1' 1' 2' 2' 3' 3' 3' 5' 2' 1' 2'
4
C Am F C D7
1.
미' 미 솔 도' 도' 도' 시 미 솔 라 솔 파 솔 도' 레' 미' 라 도' 미' 레' 도'
3' 3 5 1' 1' 1' 7 3 5 6 5 4 5 1' 2' 3' 6 1' 3' 2' 1'
8
G7 Dm G7 C F
2.
레' 솔 도' 미' 라 도' 레' 미' 레' 도' 도 파 미 레 도 레 솔 미
2' 5 1' 3' 6 1' 2' 3' 2' 1' 1 4 3 2 1 2 5 3
12
G7 F Em F G7
레 레 파 미 레 도 레 솔 라 솔 미 솔 미 레 미 솔 미
2 2 4 3 2 1 2 5 6 5 3 5 3 2 3 5 3
16
Am B♭ G7 C
도 도' 시 라 도' 레' 레' 미 파 라 솔 솔 도' 레'
1 1' 7 6 1' 2' 2' 3 4 6 5 5 1' 2'

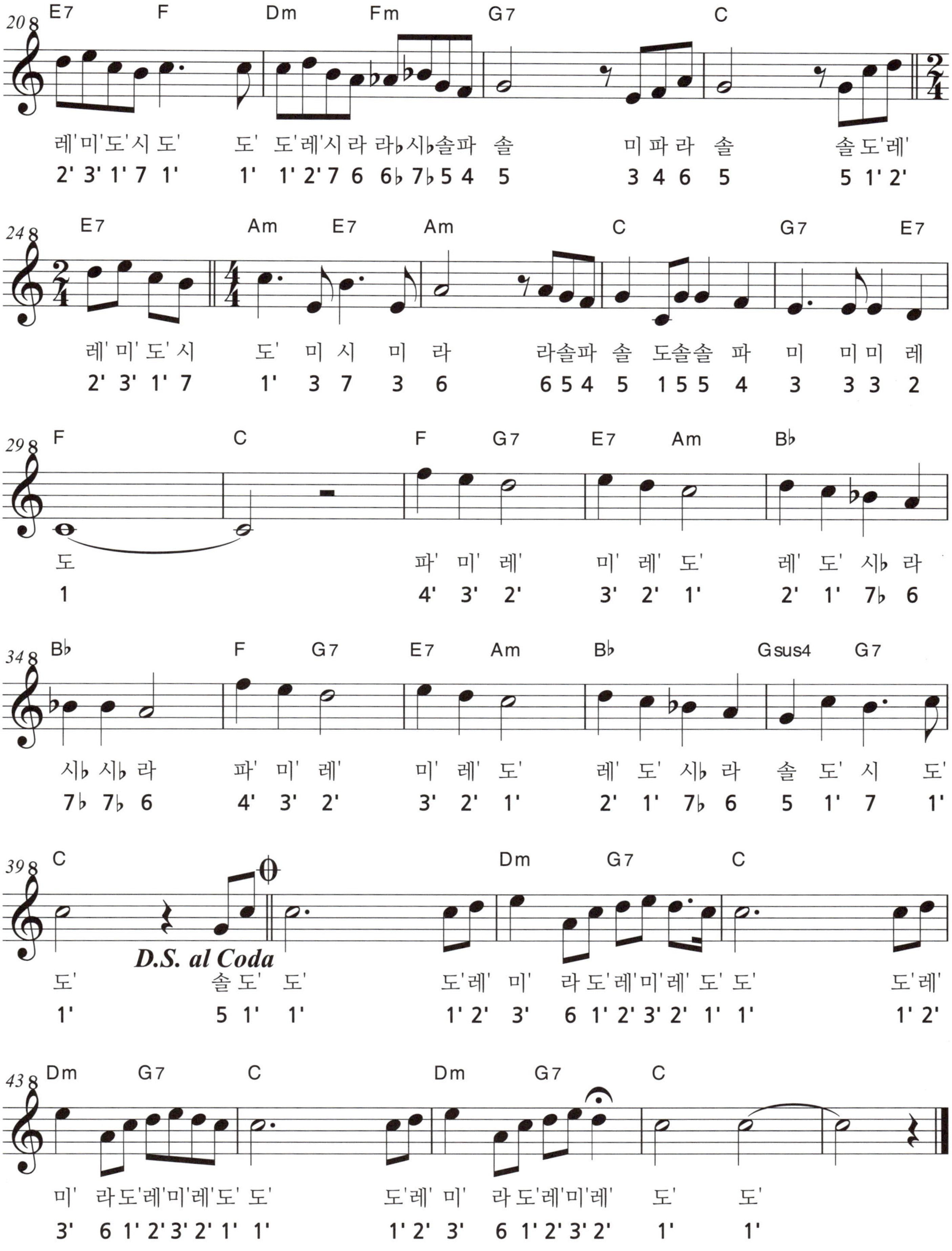
20
E7 F Dm Fm G7 C
레'미'도'시 도' 도' 도'레'시 라 라♭시♭솔파 솔 미 파 라 솔 솔 도'레'
2' 3' 1' 7 1' 1' 1' 2' 7 6 6♭ 7♭ 5 4 5 3 4 6 5 5 1' 2'
24
E7 Am E7 Am C G7 E7
레' 미' 도' 시 도' 미 시 미 라 라솔파 솔 도솔솔 파 미 미 미 레
2' 3' 1' 7 1' 3 7 3 6 6 5 4 5 1 5 5 4 3 3 3 2
29
F C F G7 E7 Am B♭
도 파' 미' 레' 미' 레' 도' 레' 도' 시♭ 라
1 4' 3' 2' 3' 2' 1' 2' 1' 7♭ 6
34
B♭ F G7 E7 Am B♭ Gsus4 G7
시♭ 시♭ 라 파' 미' 레' 미' 레' 도' 레' 도' 시♭ 라 솔 도' 시 도'
7♭ 7♭ 6 4' 3' 2' 3' 2' 1' 2' 1' 7♭ 6 5 1' 7 1'
39
C Dm G7 C
D.S. al Coda
도' 솔 도' 도' 도'레' 미' 라 도'레'미'레' 도' 도' 도'레'
1' 5 1' 1' 1' 2' 3' 6 1' 2' 3' 2' 1' 1' 1' 2'
43
Dm G7 C Dm G7 C
미' 라 도'레'미'레'도' 도' 도'레' 미' 라 도'레'미'레' 도' 도'
3' 6 1' 2' 3' 2' 1' 1' 1' 2' 3' 6 1' 2' 3' 2' 1' 1'

AR MR

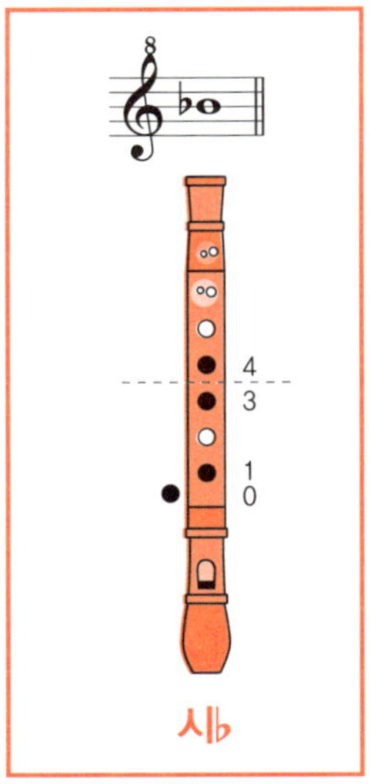
4
3
1
0
시♭

이별의 여름

코쿠리코 언덕에서 OST

사카타 코이치 작곡

Am Em F
미 도' 도' 시 라 시 미 라 라 솔 파
3 1' 1' 7 6 7 3 6 6 5 4
4
C Dm Am
솔 도 파 파 미 레 도 미 라 도'
5 1 4 4 3 2 1 3 6 1'
7
D E7 Am
레' 레' 라 시 미 도' 미 도' 시 라
2' 2' 6 7 3 1' 3 1' 7 6

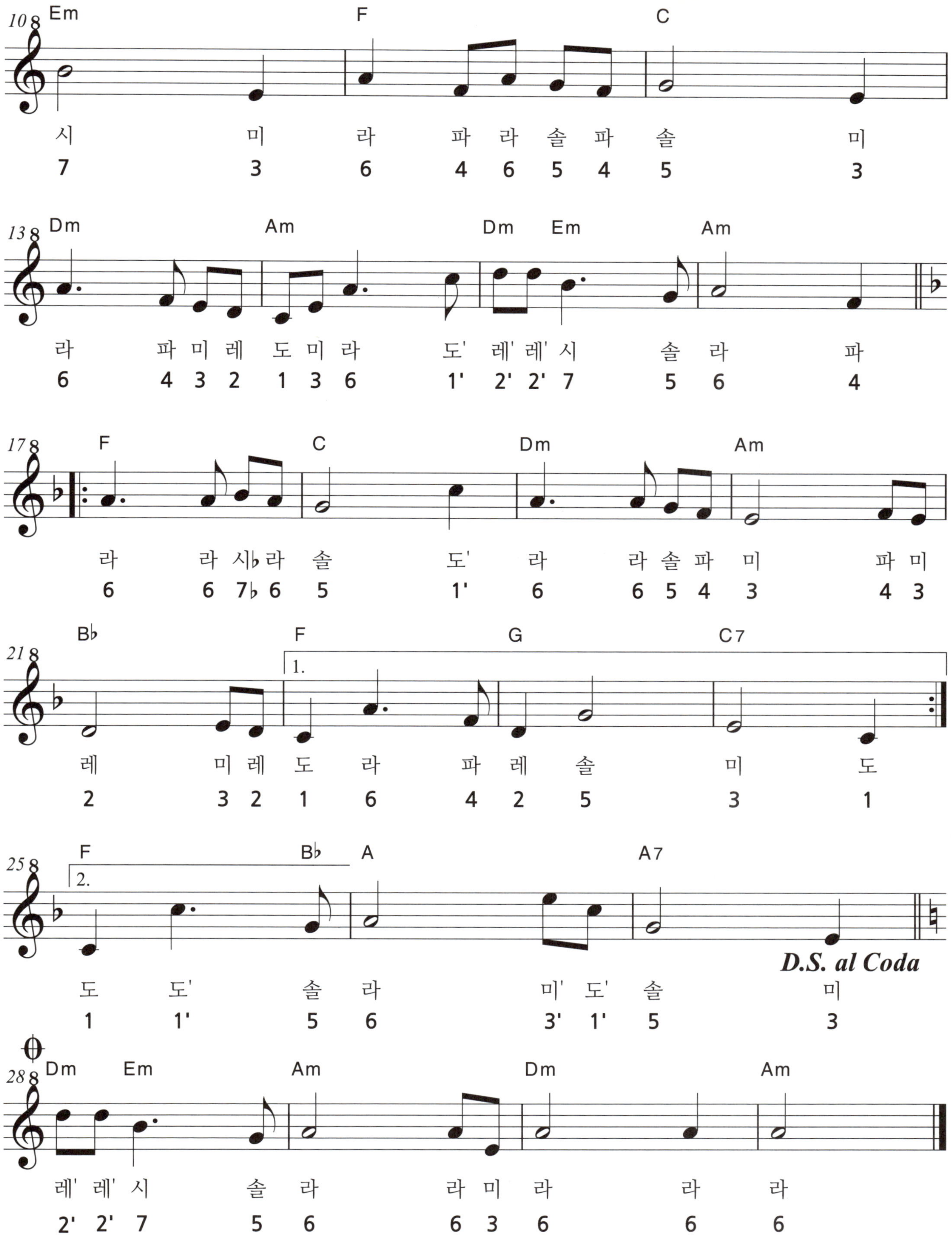
10
Em F C
시 미 라 파 라 솔 파 솔 미
7 3 6 4 6 5 4 5 3
13
Dm Am Dm Em Am
라 파 미 레 도 미 라 도' 레' 레' 시 솔 라 파
6 4 3 2 1 3 6 1' 2' 2' 7 5 6 4
17
F C Dm Am
라 라 시♭라 솔 도' 라 라 솔 파 미 파 미
6 6 7♭ 6 5 1' 6 6 5 4 3 4 3
21
B♭ F G C7
1.
레 미 레 도 라 파 레 솔 미 도
2 3 2 1 6 4 2 5 3 1
25
F B♭ A A7
2.
D.S. al Coda
도 도' 솔 라 미' 도' 솔 미
1 1' 5 6 3' 1' 5 3
28
Dm Em Am Dm Am
레' 레' 시 솔 라 라 미 라 라 라
2' 2' 7 5 6 6 3 6 6 6

AR MR

일 시작

마녀 배달부 키키 OST

히사이시 조 작곡

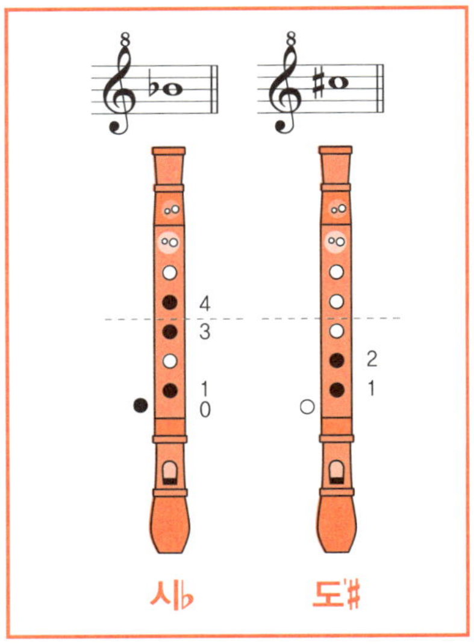

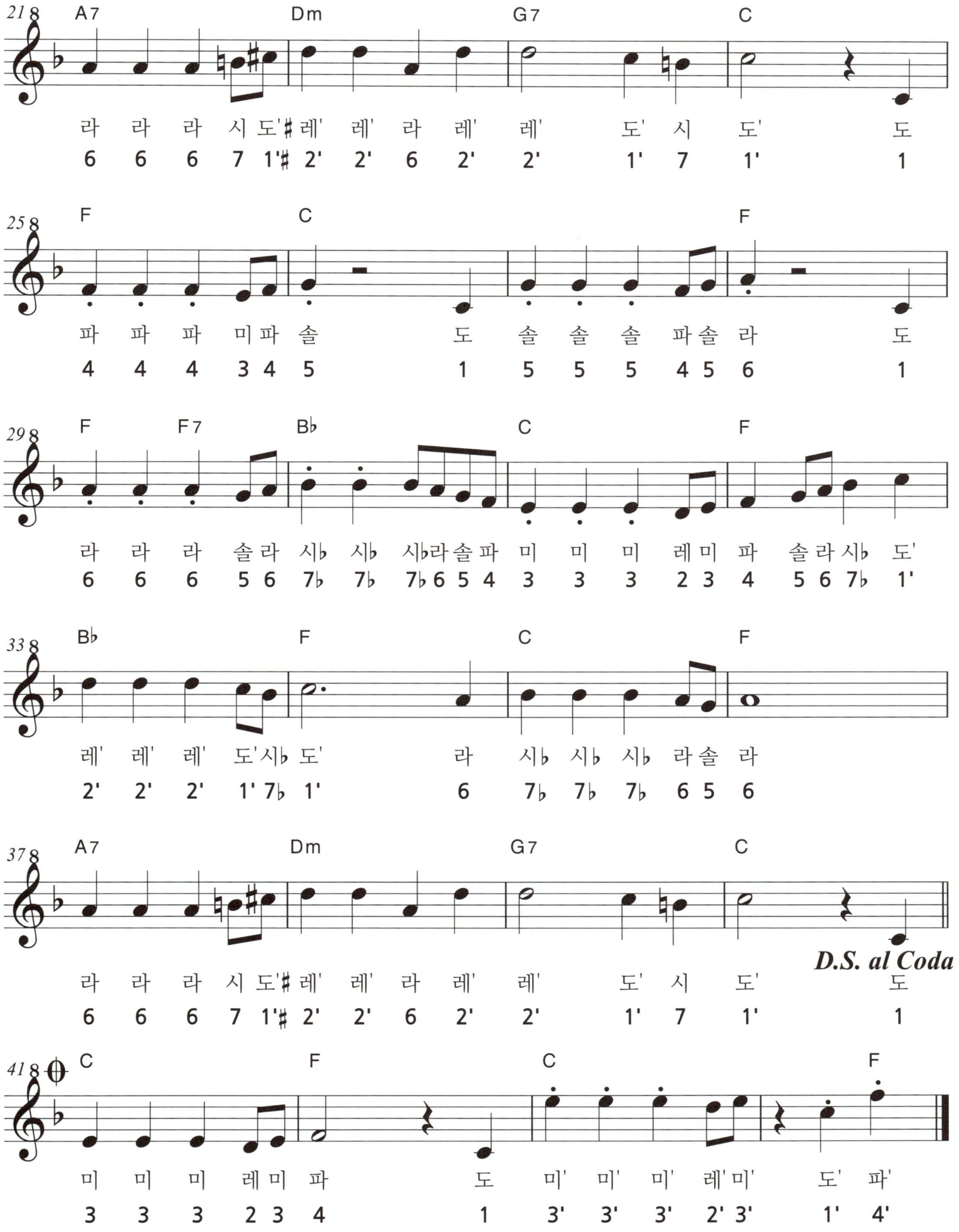
21 A7 Dm G7 C
라 라 라 시 도'♯ 레' 레' 라 레' 레' 도' 시 도' 도
6 6 6 7 1'♯ 2' 2' 6 2' 2' 1' 7 1' 1
25 F C F
파 파 파 미 파 솔 도 솔 솔 솔 파 솔 라 도
4 4 4 3 4 5 1 5 5 5 4 5 6 1
29 F F7 B♭ C F
라 라 라 솔 라 시♭ 시♭ 시♭ 라 솔 파 미 미 미 레 미 파 솔 라 시♭ 도'
6 6 6 5 6 7♭ 7♭ 7♭ 6 5 4 3 3 3 2 3 4 5 6 7♭ 1'
33 B♭ F C F
레' 레' 레' 도' 시♭ 도' 라 시♭ 시♭ 시♭ 라 솔 라
2' 2' 2' 1' 7♭ 1' 6 7♭ 7♭ 7♭ 6 5 6
37 A7 Dm G7 C
라 라 라 시 도'♯ 레' 레' 라 레' 레' 도' 시 도' 도
6 6 6 7 1'♯ 2' 2' 6 2' 2' 1' 7 1' 1
D.S. al Coda
41 C F C F
미 미 미 레 미 파 도 미' 미' 미' 레' 미' 도' 파'
3 3 3 2 3 4 1 3' 3' 3' 2' 3' 1' 4'

AR MR

컨트리 로드

귀를 기울이면 OST

존 덴버, 빌 다노프, 태피 니버트 작곡

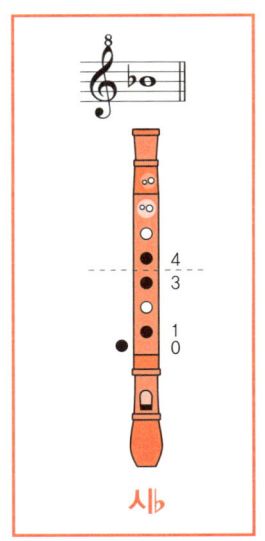

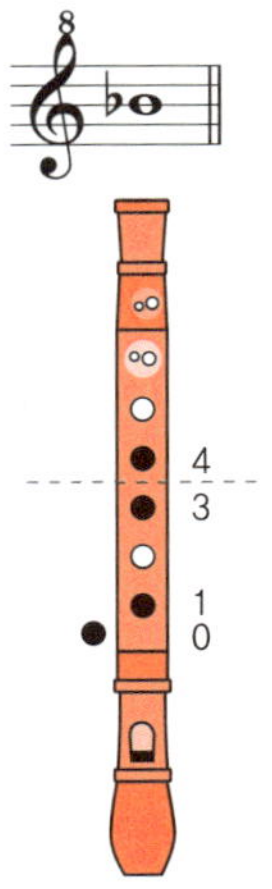
4
3
1
0
시♭

F C7 Dm B♭
파솔 라 라솔파 솔 라솔 파 라도' 레' 레'라
4 5 6 6 5 4 5 6 5 4 6 1' 2' 2' 6
5
F C7 B♭ F
도'도'라 라솔파 솔 라 라솔파 파 파솔 파
1' 1' 6 6 5 4 5 6 6 5 4 4 4 5 4
10
F Dm C B♭ F
도 도 도 레 도 도 레 레 도 레 파 솔 솔 라 솔 솔 레 레 도 레파 파
1 1 1 2 1 1 2 2 1 2 4 5 5 6 5 5 2 2 1 2 4 4
14
F Dm C B♭ F
도 도 레 도 레 파 파 솔라 라 솔 솔 솔 솔 라 솔솔 도 레 파 파 솔파 파 솔
1 1 2 1 2 4 4 5 6 6 5 5 5 5 6 5 5 1 2 4 4 5 4 4 5
18
F C7 Dm B♭
라 라솔파 솔 라 솔 파 라 도' 레' 레'라
6 6 5 4 5 6 5 4 6 1' 2' 2' 6

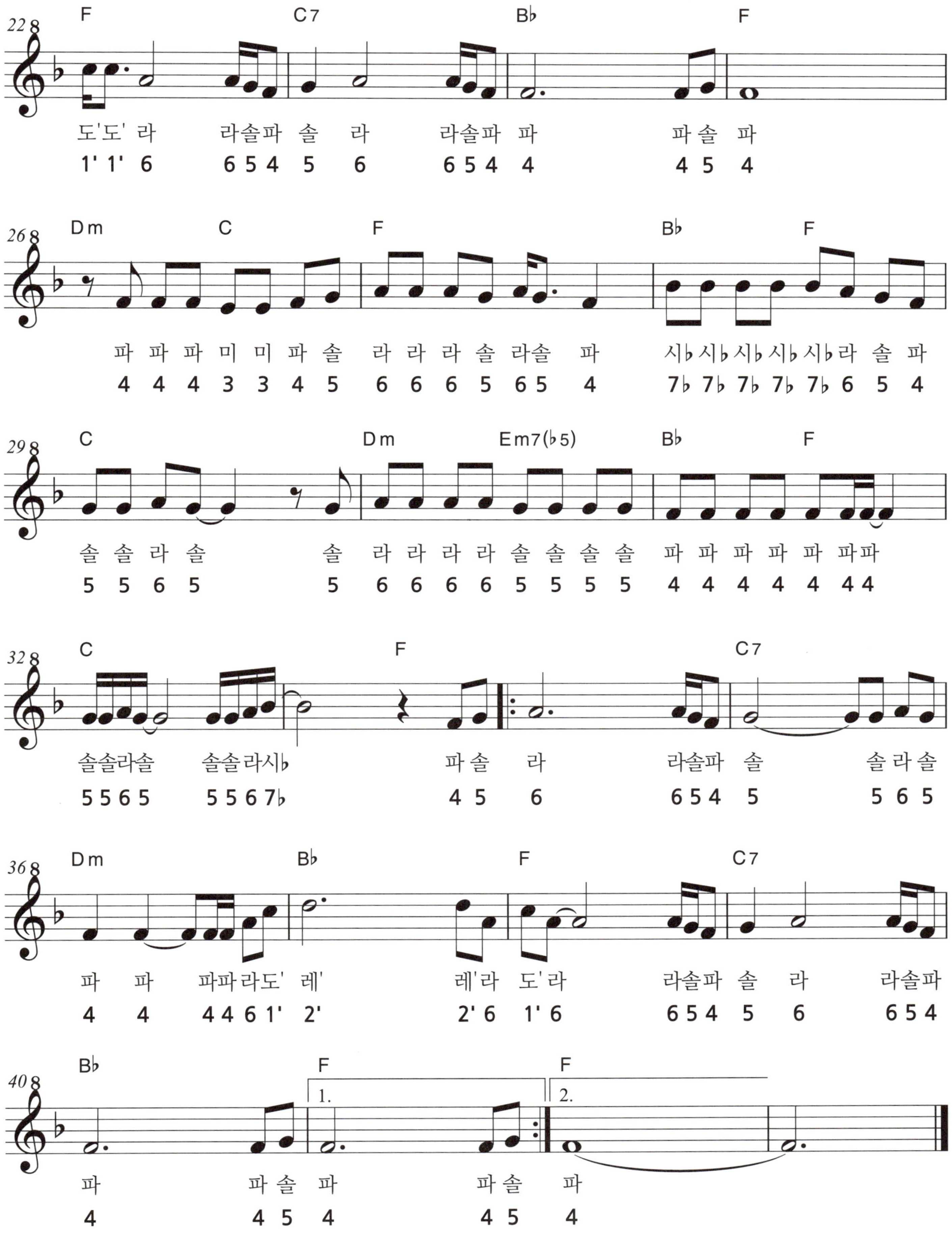

22
F C7 B♭ F
도'도' 라 라솔파 솔 라 라솔파 파 파 솔 파
1' 1' 6 6 5 4 5 6 6 5 4 4 4 5 4
26
Dm C F B♭ F
파 파 파 미 미 파 솔 라 라 라 솔 라솔 파 시♭시♭시♭시♭시♭라 솔 파
4 4 4 3 3 4 5 6 6 6 5 6 5 4 7♭ 7♭ 7♭ 7♭ 7♭ 6 5 4
29
C Dm Em7(♭5) B♭ F
솔 솔 라 솔 솔 라 라 라 라 솔 솔 솔 솔 파 파 파 파 파 파파
5 5 6 5 5 6 6 6 6 5 5 5 5 4 4 4 4 4 4 4
32
C F C7
솔솔라솔 솔솔라시♭ 파 솔 라 라솔파 솔 솔 라 솔
5 5 6 5 5 5 6 7♭ 4 5 6 6 5 4 5 5 6 5
36
Dm B♭ F C7
파 파 파파라도' 레' 레'라 도'라 라솔파 솔 라 라솔파
4 4 4 4 6 1' 2' 2' 6 1' 6 6 5 4 5 6 6 5 4
40
B♭ F F
1. 2.
파 파 솔 파 파 솔 파
4 4 5 4 4 5 4

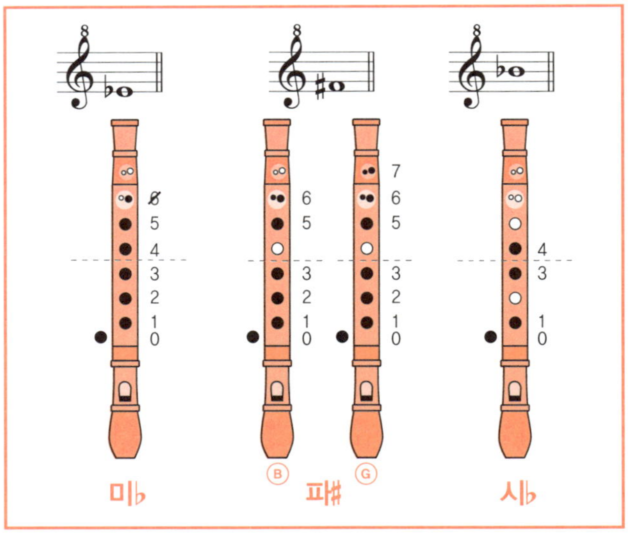
미♭
Ⓑ 파♯ Ⓖ
시♭

또 다시

센과 치히로의 행방불명 OST

히사이시 조 작곡

C Em7 F
미 솔 도 레 솔 솔 라 솔 파
3 5 1 2 5 5 6 5 4
도 레 미 파 미 레
1 2 3 4 3 2
4 C F C
솔 라 시 도' 시 라 솔 도' 도 레
5 6 7 1' 7 6 5 1' 1 2
도 도 레 미 레 도 도
1 1 2 3 2 1 1
7 D7 G C Em7
미 라 미 도 레 미 솔 도 레 솔 솔
3 6 3 1 2 3 5 1 2 5 5
레 솔 라 시 도 레 미
2 5 6 7 1' 2 3

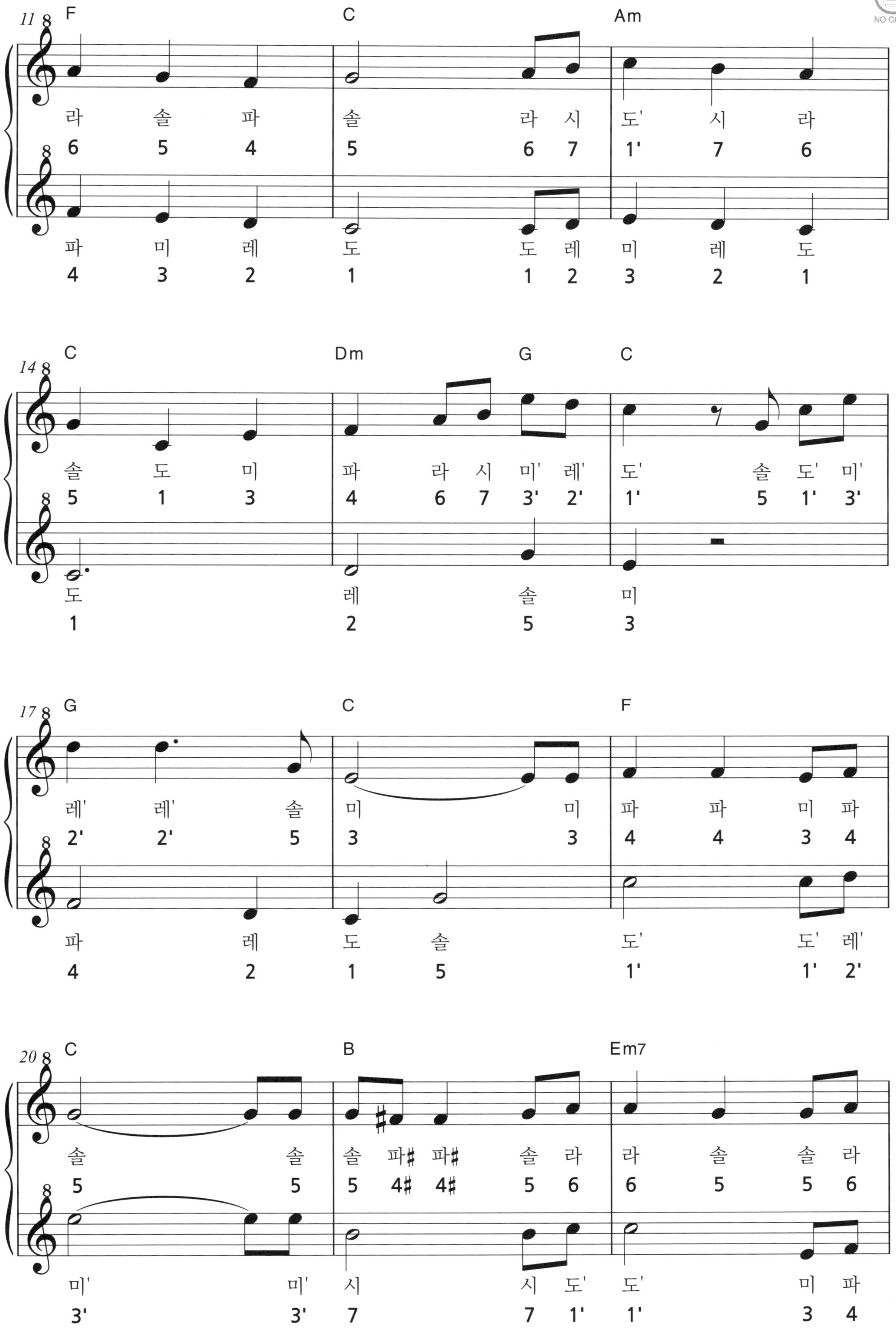
11
F C Am
라 솔 파 솔 라 시 도' 시 라
6 5 4 5 6 7 1' 7 6
파 미 레 도 도 레 미 레 도
4 3 2 1 1 2 3 2 1
14
C Dm G C
솔 도 미 파 라 시 미' 레' 도' 솔 도' 미'
5 1 3 4 6 7 3' 2' 1' 5 1' 3'
도 레 솔 미
1 2 5 3
17
G C F
레' 레' 솔 미 미 파 파 미 파
2' 2' 5 3 3 4 4 3 4
파 레 도 솔 도' 도' 레'
4 2 1 5 1' 1' 2'
20
C B Em7
솔 솔 솔 파# 파# 솔 라 라 솔 솔 라
5 5 5 4# 4# 5 6 6 5 5 6
미' 미' 시 시 도' 도' 미 파
3' 3' 7 7 1' 1' 3 4

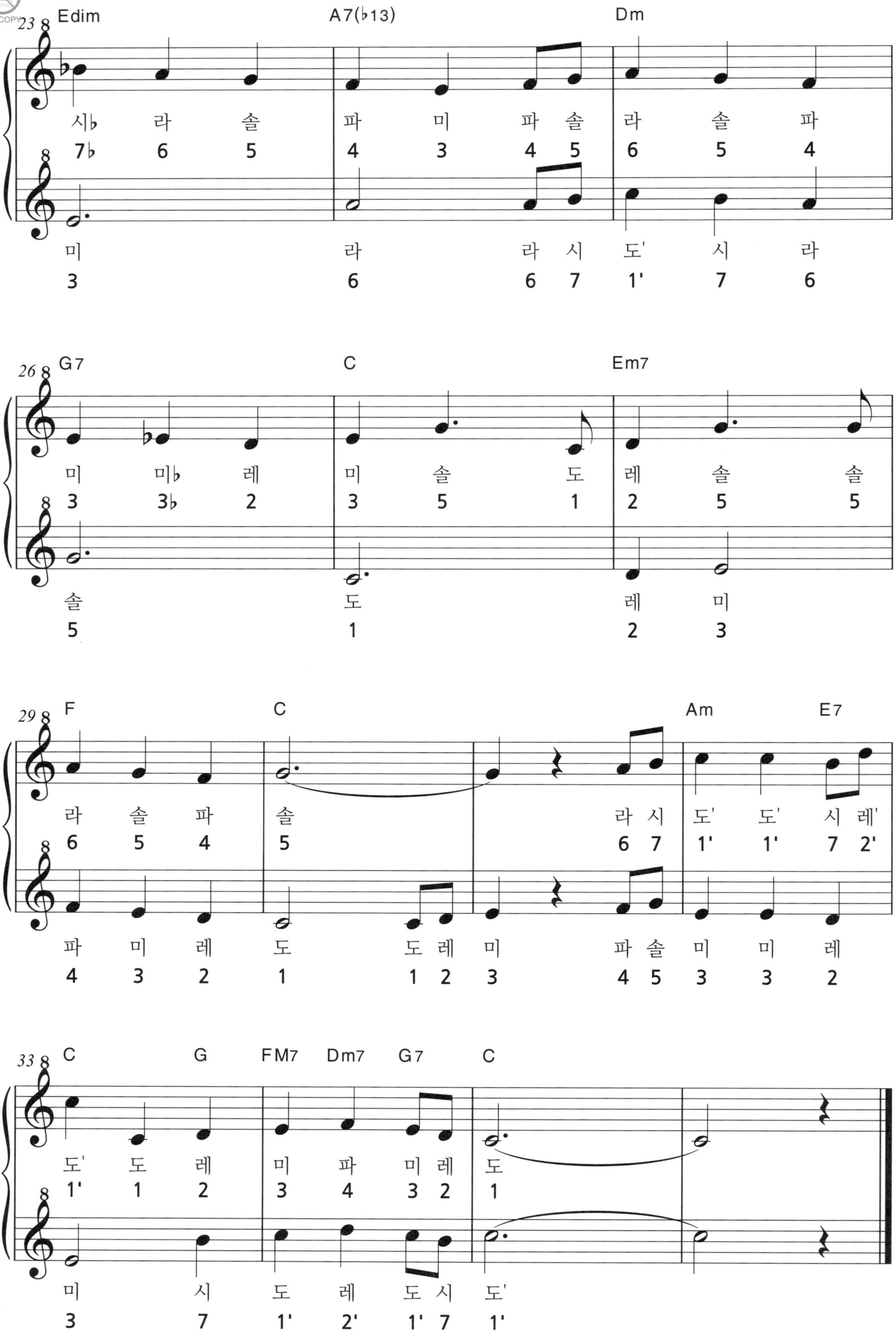
23
Edim A7(♭13) Dm
시♭ 라 솔 파 미 파 솔 라 솔 파
7♭ 6 5 4 3 4 5 6 5 4
미 라 라 시 도' 시 라
3 6 6 7 1' 7 6
26
G7 C Em7
미 미♭ 레 미 솔 도 레 솔 솔
3 3♭ 2 3 5 1 2 5 5
솔 도 레 미
5 1 2 3
29
F C Am E7
라 솔 파 솔 라 시 도' 도' 시 레'
6 5 4 5 6 7 1' 1' 7 2'
파 미 레 도 도 레 미 파 솔 미 미 레
4 3 2 1 1 2 3 4 5 3 3 2
33
C G FM7 Dm7 G7 C
도' 도 레 미 파 미 레 도
1' 1 2 3 4 3 2 1
미 시 도 레 도 시 도'
3 7 1' 2' 1' 7 1'

AR MR

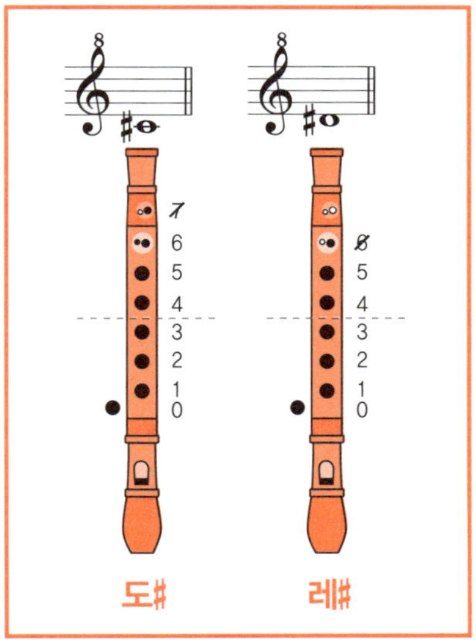

도#
레#

바다가 보이는 마을

마녀 배달부 키키 OST

히사이시 조 작곡

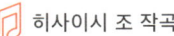

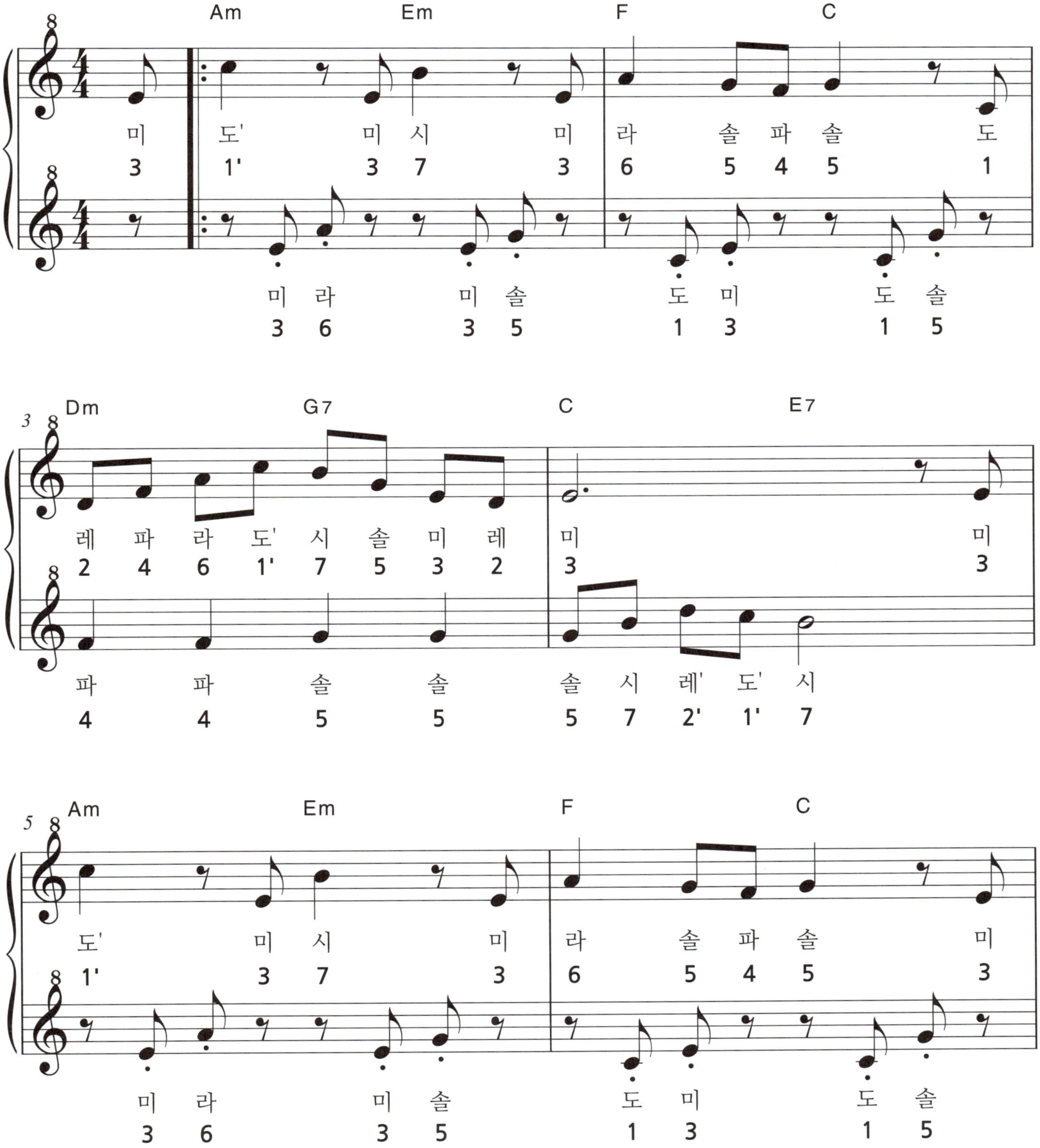

Am Em F C
미 도' 미 시 미 라 솔 파 솔 도
3 1' 3 7 3 6 5 4 5 1
미 라 미 솔 도 미 도 솔
3 6 3 5 1 3 1 5
3
Dm G7 C E7
레 파 라 도' 시 솔 미 레 미 미
2 4 6 1' 7 5 3 2 3 3
파 파 솔 솔 솔 시 레' 도' 시
4 4 5 5 5 7 2' 1' 7
5
Am Em F C
도' 미 시 미 라 솔 파 솔 미
1' 3 7 3 6 5 4 5 3
미 라 미 솔 도 미 도 솔
3 6 3 5 1 3 1 5

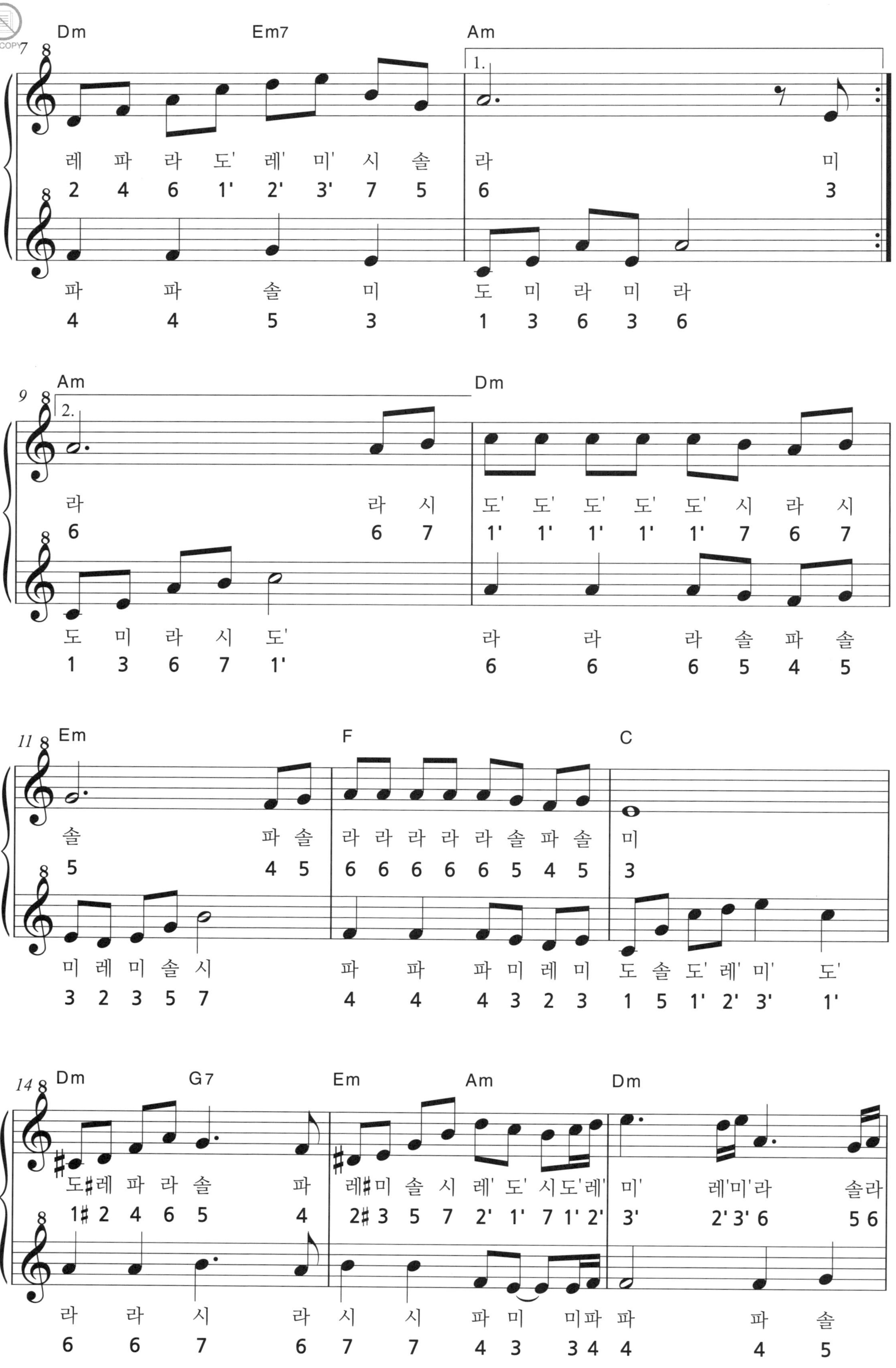
7
Dm Em7 Am
1.
레 파 라 도' 레' 미' 시 솔 라 미
2 4 6 1' 2' 3' 7 5 6 3
파 파 솔 미 도 미 라 미 라
4 4 5 3 1 3 6 3 6
9
Am Dm
2.
라 라 시 도' 도' 도' 도' 도' 시 라 시
6 6 7 1' 1' 1' 1' 1' 7 6 7
도 미 라 시 도' 라 라 라 솔 파 솔
1 3 6 7 1' 6 6 6 5 4 5
11
Em F C
솔 파 솔 라 라 라 라 라 솔 파 솔 미
5 4 5 6 6 6 6 6 5 4 5 3
미 레 미 솔 시 파 파 파 미 레 미 도 솔 도' 레' 미' 도'
3 2 3 5 7 4 4 4 3 2 3 1 5 1' 2' 3' 1'
14
Dm G7 Em Am Dm
도#레 파 라 솔 파 레#미 솔 시 레' 도' 시도'레' 미' 레'미'라 솔라
1# 2 4 6 5 4 2# 3 5 7 2' 1' 7 1' 2' 3' 2' 3' 6 5 6
라 라 시 라 시 시 파 미 미파 파 파 솔
6 6 7 6 7 7 4 3 3 4 4 4 5

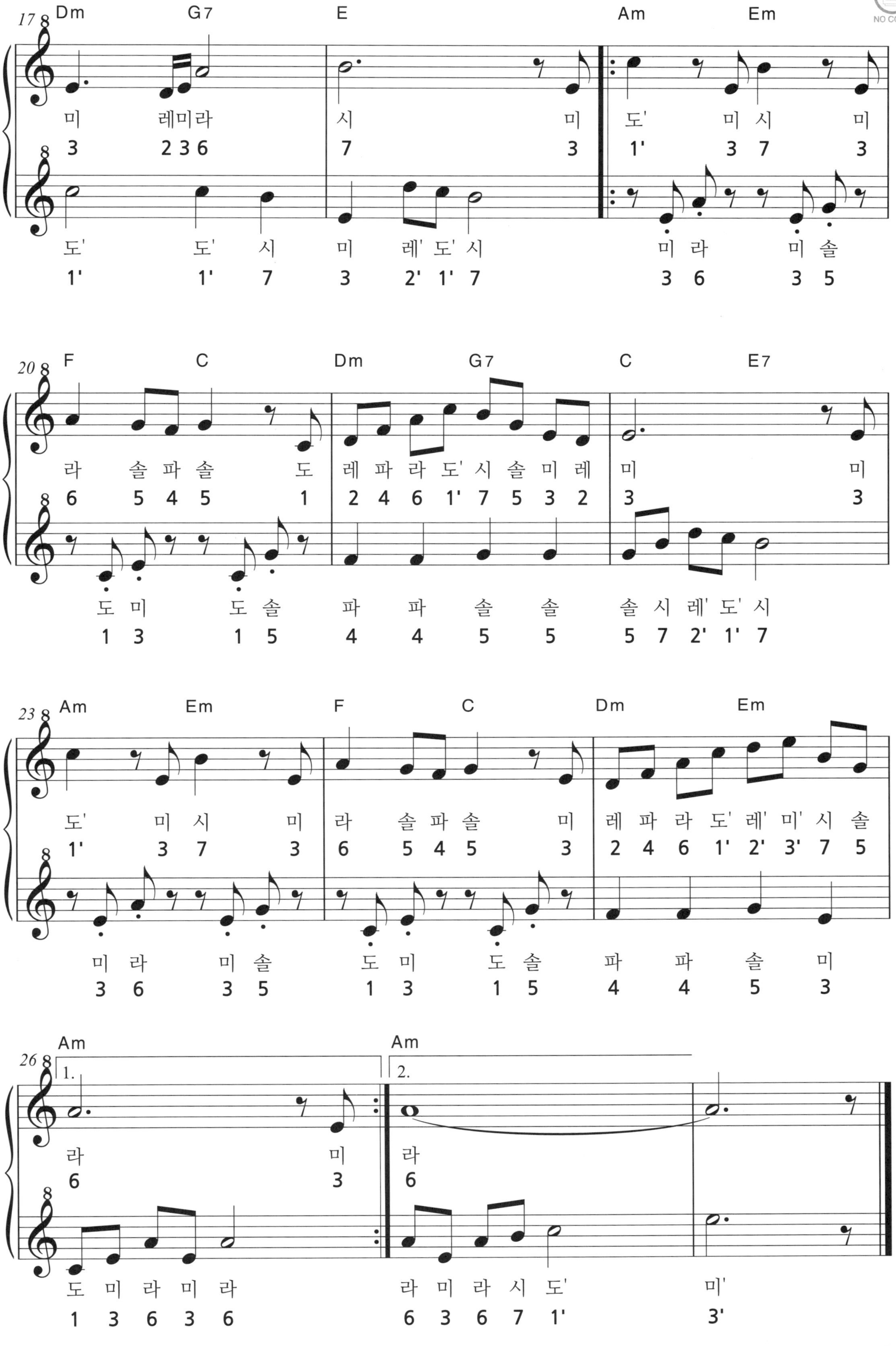
17
Dm G7 E Am Em
미 레미라 시 미 도' 미 시 미
3 2 3 6 7 3 1' 3 7 3
도' 도' 시 미 레' 도' 시 미 라 미 솔
1' 1' 7 3 2' 1' 7 3 6 3 5
20
F C Dm G7 C E7
라 솔 파 솔 도 레 파 라 도' 시 솔 미 레 미 미
6 5 4 5 1 2 4 6 1' 7 5 3 2 3 3
도 미 도 솔 파 파 솔 솔 솔 시 레' 도' 시
1 3 1 5 4 4 5 5 5 7 2' 1' 7
23
Am Em F C Dm Em
도' 미 시 미 라 솔 파 솔 미 레 파 라 도' 레' 미' 시 솔
1' 3 7 3 6 5 4 5 3 2 4 6 1' 2' 3' 7 5
미 라 미 솔 도 미 도 솔 파 파 솔 미
3 6 3 5 1 3 1 5 4 4 5 3
26
Am Am
1. 2.
라 미 라
6 3 6
도 미 라 미 라 라 미 라 시 도' 미'
1 3 6 3 6 6 3 6 7 1' 3'

AR MR

세계의 약속

하울의 움직이는 성 OST

기무라 유미 작곡

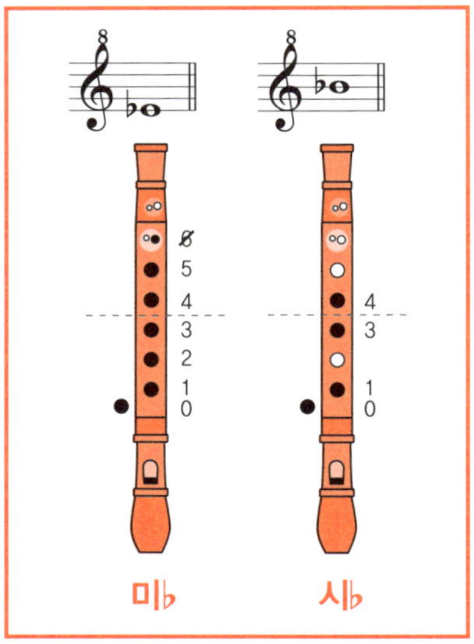
미♭
시♭

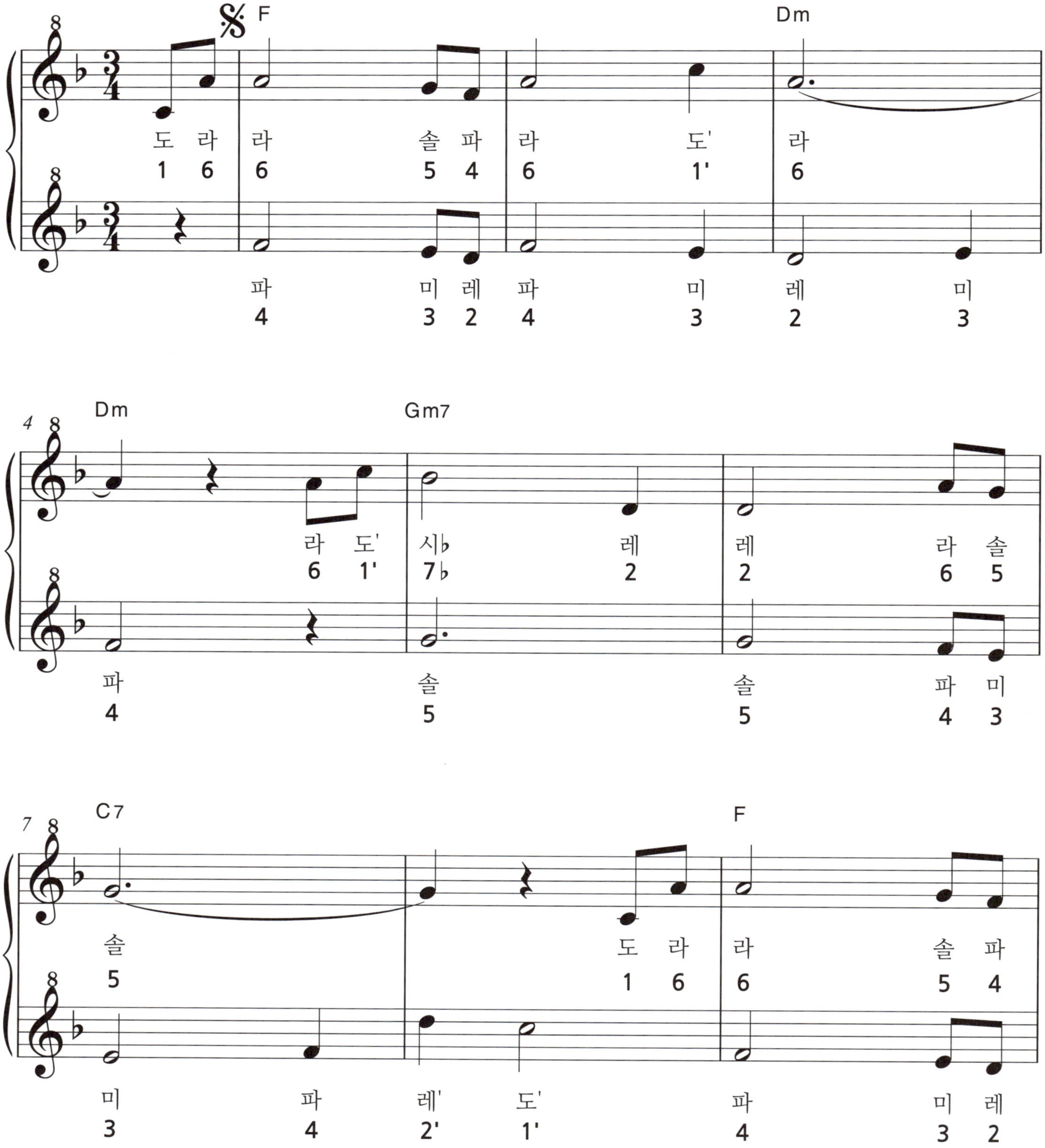
F
Dm
도 라 라 솔 파 라 도' 라
1 6 6 5 4 6 1' 6
파 미 레 파 미 레 미
4 3 2 4 3 2 3
4
Dm
Gm7
라 도' 시♭ 레 레 라 솔
6 1' 7♭ 2 2 6 5
파 솔 솔 파 미
4 5 5 4 3
7
C7
F
솔 도 라 라 솔 파
5 1 6 6 5 4
미 파 레' 도' 파 미 레
3 4 2' 1' 4 3 2

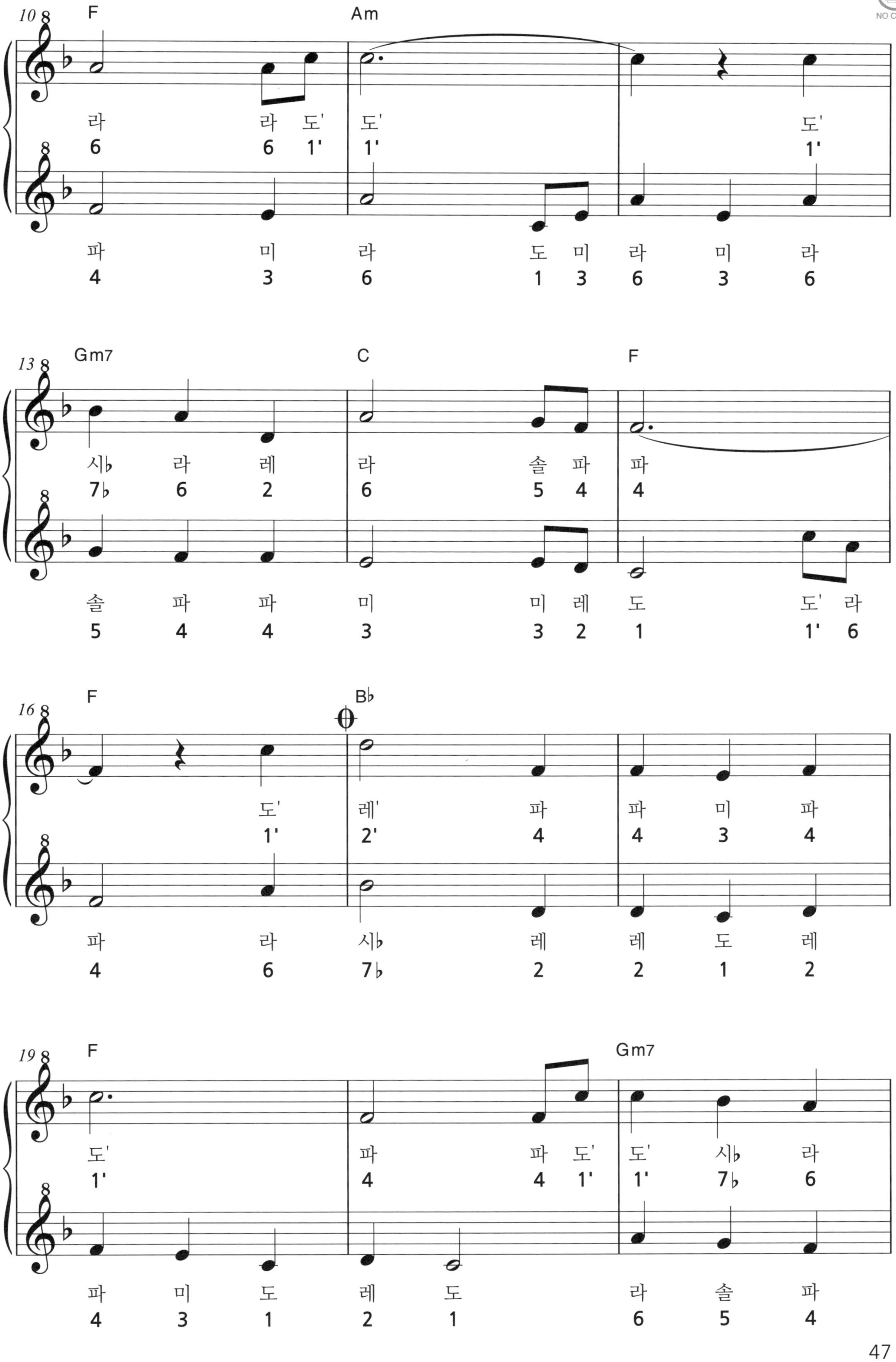
10
F
Am
라 라 도' 도' 도'
6 6 1' 1' 1'
파 미 라 도 미 라 미 라
4 3 6 1 3 6 3 6
13
Gm7
C
F
시♭ 라 레 라 솔 파 파
7♭ 6 2 6 5 4 4
솔 파 파 미 미 레 도 도' 라
5 4 4 3 3 2 1 1' 6
16
F
B♭
도' 레' 파 파 미 파
1' 2' 4 4 3 4
파 라 시♭ 레 레 도 레
4 6 7♭ 2 2 1 2
19
F
Gm7
도' 파 파 도' 도' 시♭ 라
1' 4 4 1' 1' 7♭ 6
파 미 도 레 도 라 솔 파
4 3 1 2 1 6 5 4

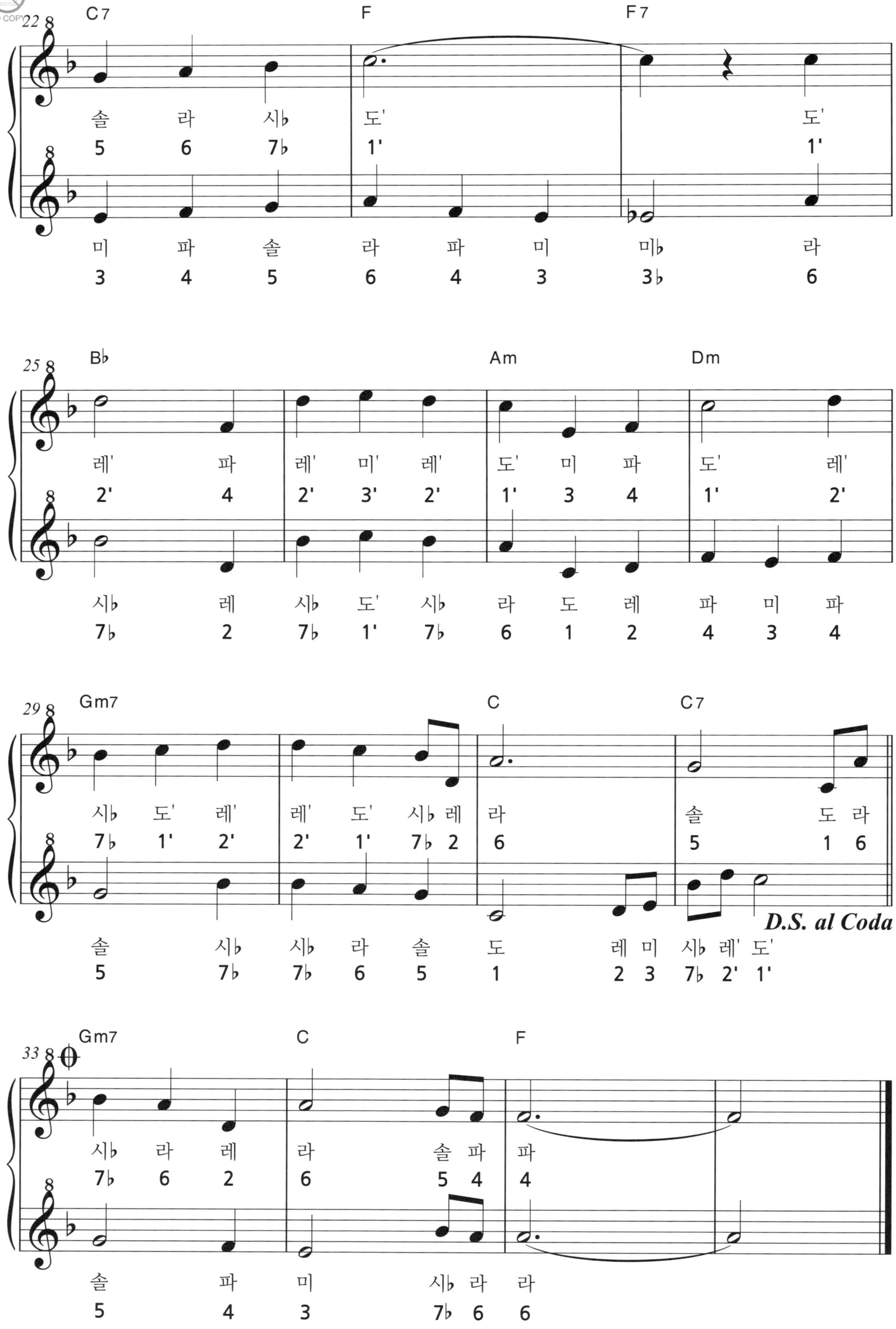
C7 F F7
솔 라 시♭ 도' 도'
5 6 7♭ 1' 1'
미 파 솔 라 파 미 미♭ 라
3 4 5 6 4 3 3♭ 6
B♭ Am Dm
레' 파 레' 미' 레' 도' 미 파 도' 레'
2' 4 2' 3' 2' 1' 3 4 1' 2'
시♭ 레 시♭ 도' 시♭ 라 도 레 파 미 파
7♭ 2 7♭ 1' 7♭ 6 1 2 4 3 4
Gm7 C C7
시♭ 도' 레' 레' 도' 시♭ 레 라 솔 도 라
7♭ 1' 2' 2' 1' 7♭ 2 6 5 1 6
D.S. al Coda
솔 시♭ 시♭ 라 솔 도 레 미 시♭ 레' 도'
5 7♭ 7♭ 6 5 1 2 3 7♭ 2' 1'
Gm7 C F
시♭ 라 레 라 솔 파 파
7♭ 6 2 6 5 4 4
솔 파 미 시♭ 라 라
5 4 3 7♭ 6 6

AR MR

언제나 몇 번이라도

센과 치히로의 행방불명 OST

기무라 유미 작곡

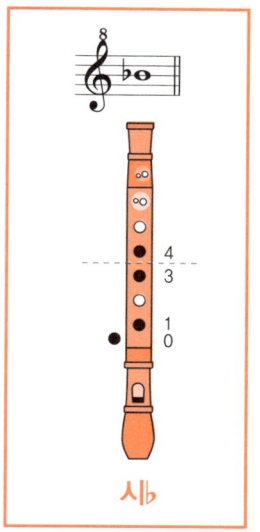

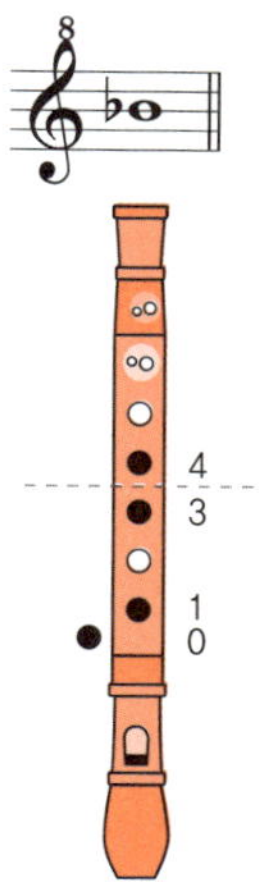

4
3
1
0
시♭

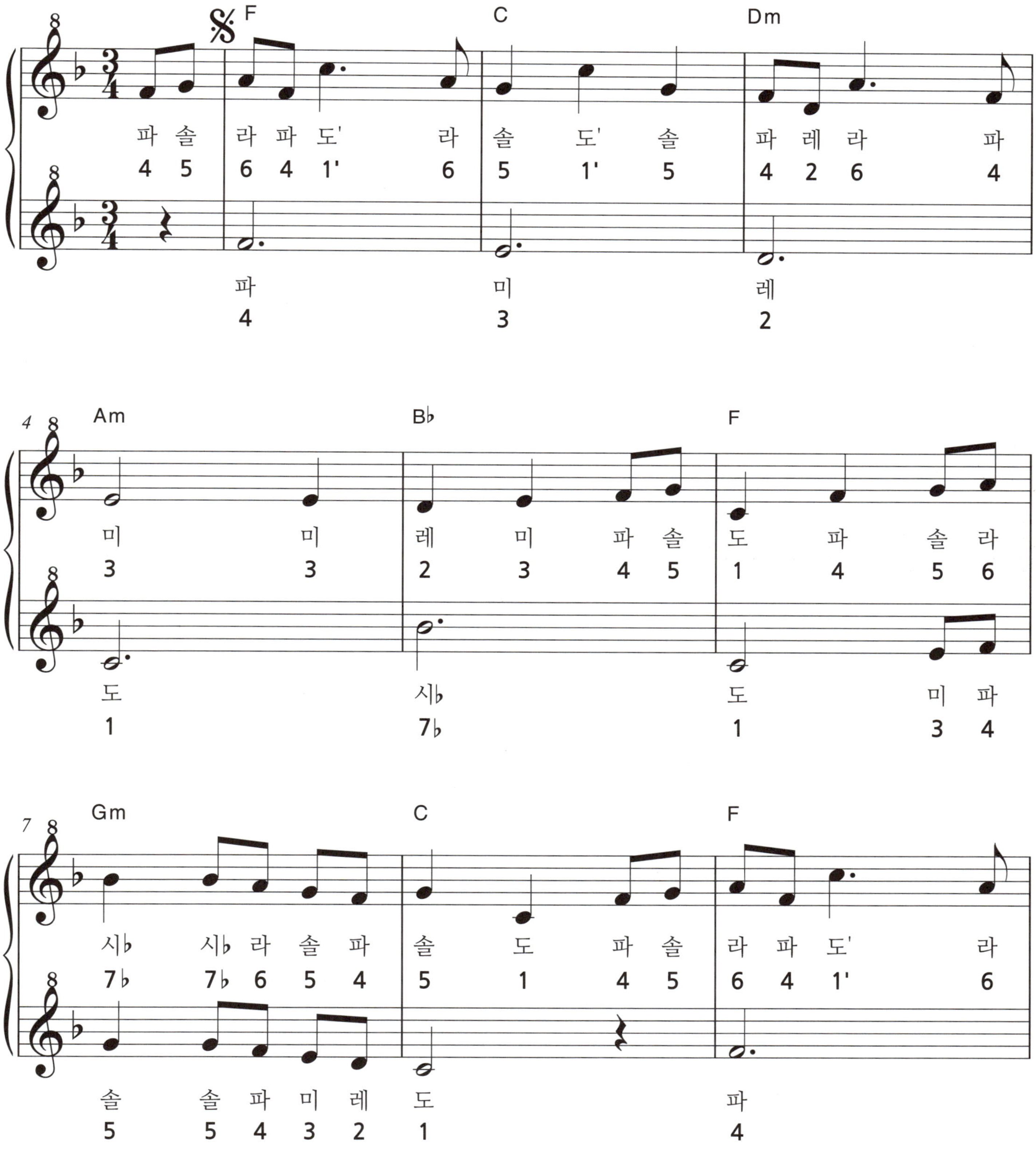

F C Dm
파 솔 라 파 도' 라 솔 도' 솔 파 레 라 파
4 5 6 4 1' 6 5 1' 5 4 2 6 4
파 미 레
4 3 2
4
Am B♭ F
미 미 레 미 파 솔 도 파 솔 라
3 3 2 3 4 5 1 4 5 6
도 시♭ 도 미 파
1 7♭ 1 3 4
7
Gm C F
시♭ 시♭ 라 솔 파 솔 도 파 솔 라 파 도' 라
7♭ 7♭ 6 5 4 5 1 4 5 6 4 1' 6
솔 솔 파 미 레 도 파
5 5 4 3 2 1 4

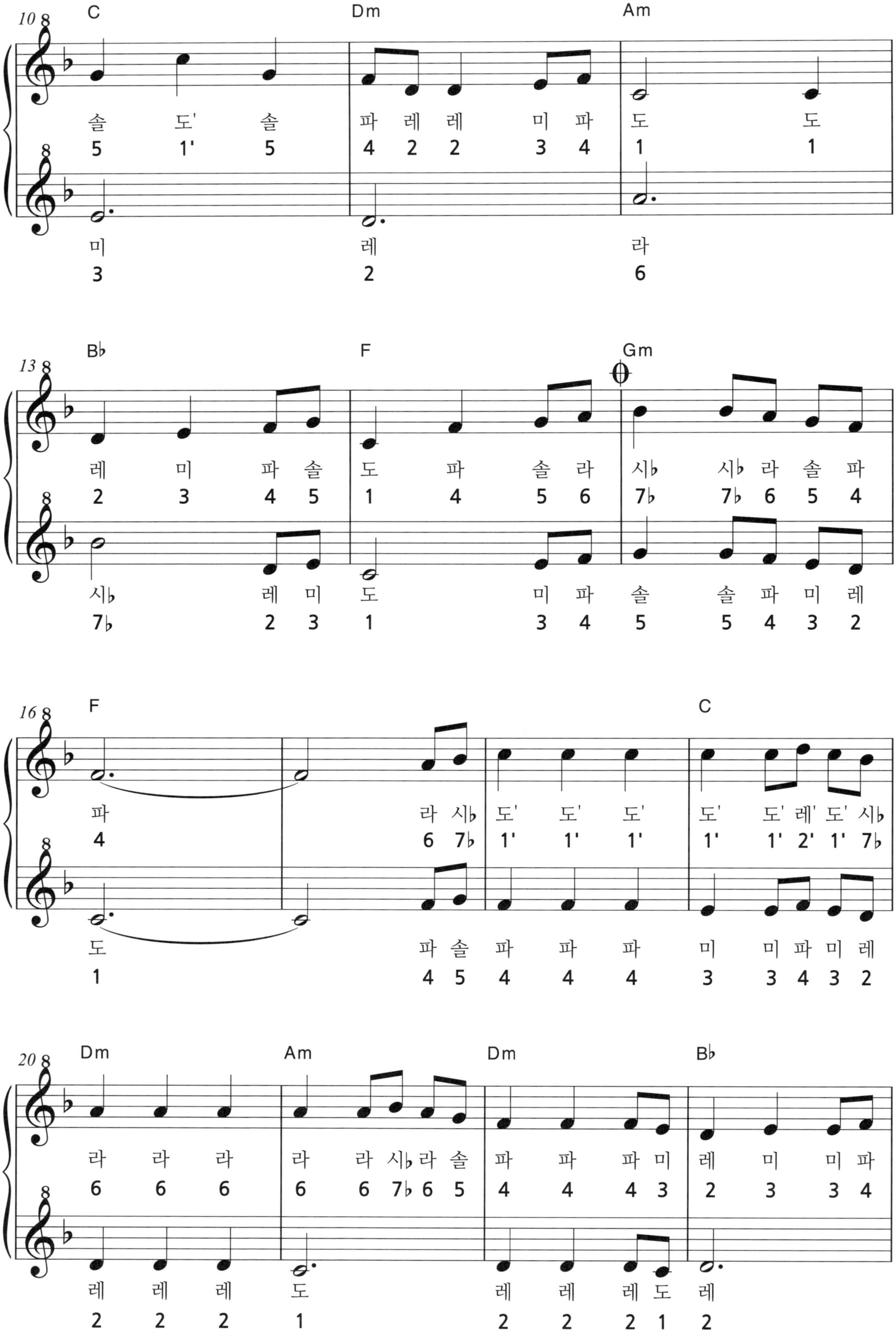
10
C Dm Am
솔 도' 솔 파 레 레 미 파 도 도
5 1' 5 4 2 2 3 4 1 1
미 레 라
3 2 6
13
B♭ F Gm
레 미 파 솔 도 파 솔 라 시♭ 시♭ 라 솔 파
2 3 4 5 1 4 5 6 7♭ 7♭ 6 5 4
시♭ 레 미 도 미 파 솔 솔 파 미 레
7♭ 2 3 1 3 4 5 5 4 3 2
16
F C
파 라 시♭ 도' 도' 도' 도' 도' 레' 도' 시♭
4 6 7♭ 1' 1' 1' 1' 1' 2' 1' 7♭
도 파 솔 파 파 파 미 미 파 미 레
1 4 5 4 4 4 3 3 4 3 2
20
Dm Am Dm B♭
라 라 라 라 라 시♭ 라 솔 파 파 파 미 레 미 미 파
6 6 6 6 6 7♭ 6 5 4 4 4 3 2 3 3 4
레 레 레 도 레 레 레 도 레
2 2 2 1 2 2 2 1 2

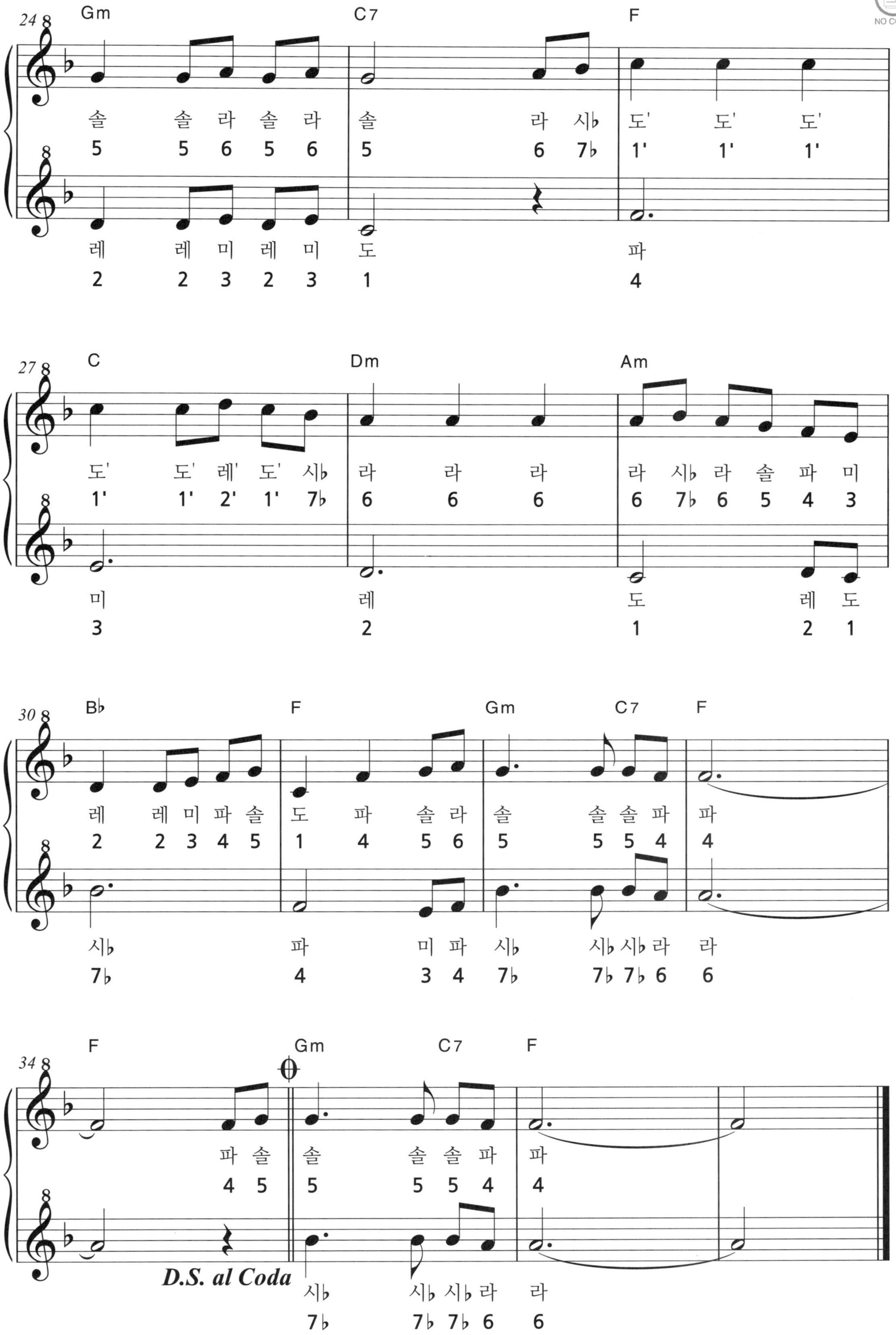
24
Gm C7 F
솔 솔 라 솔 라 솔 라 시♭ 도' 도' 도'
5 5 6 5 6 5 6 7♭ 1' 1' 1'
레 레 미 레 미 도 파
2 2 3 2 3 1 4
27
C Dm Am
도' 도' 레' 도' 시♭ 라 라 라 라 시♭ 라 솔 파 미
1' 1' 2' 1' 7♭ 6 6 6 6 7♭ 6 5 4 3
미 레 도 레 도
3 2 1 2 1
30
B♭ F Gm C7 F
레 레 미 파 솔 도 파 솔 라 솔 솔 솔 파 파
2 2 3 4 5 1 4 5 6 5 5 5 4 4
시♭ 파 미 파 시♭ 시♭ 시♭ 라 라
7♭ 4 3 4 7♭ 7♭ 7♭ 6 6
34
F Gm C7 F
파 솔 솔 솔 솔 파 파
4 5 5 5 5 4 4
D.S. al Coda
시♭ 시♭ 시♭ 라 라
7♭ 7♭ 7♭ 6 6

AR MR

즐거운 나의 집

반딧불이의 묘 OST

헨리 비숍 작곡

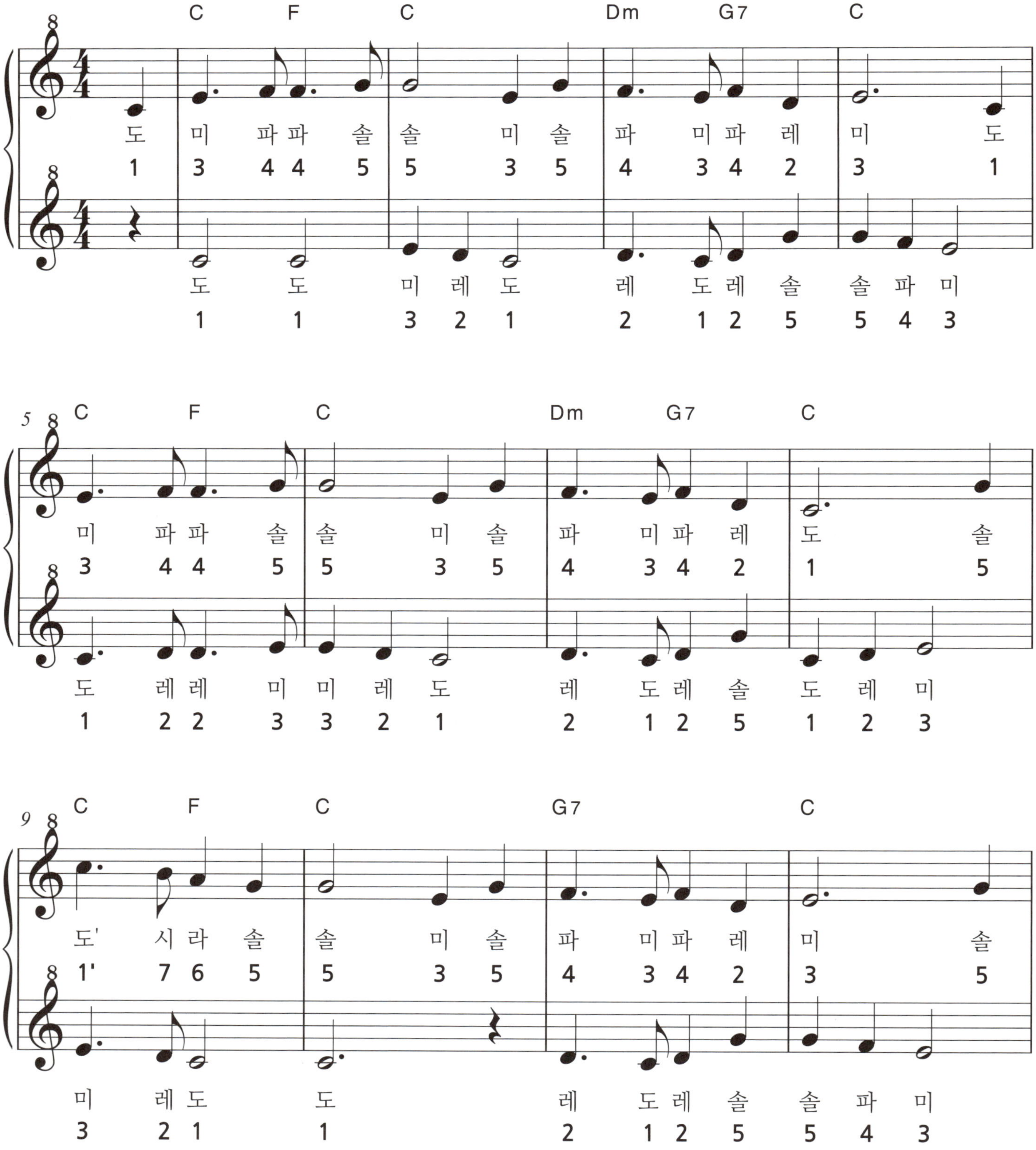
C F C Dm G7 C
도 미 파 파 솔 솔 미 솔 파 미 파 레 미 도
1 3 4 4 5 5 3 5 4 3 4 2 3 1
도 도 미 레 도 레 도 레 솔 솔 파 미
1 1 3 2 1 2 1 2 5 5 4 3
5
C F C Dm G7 C
미 파 파 솔 솔 미 솔 파 미 파 레 도 솔
3 4 4 5 5 3 5 4 3 4 2 1 5
도 레 레 미 미 레 도 레 도 레 솔 도 레 미
1 2 2 3 3 2 1 2 1 2 5 1 2 3
9
C F C G7 C
도' 시 라 솔 솔 미 솔 파 미 파 레 미 솔
1' 7 6 5 5 3 5 4 3 4 2 3 5
미 레 도 도 레 도 레 솔 솔 파 미
3 2 1 1 2 1 2 5 5 4 3

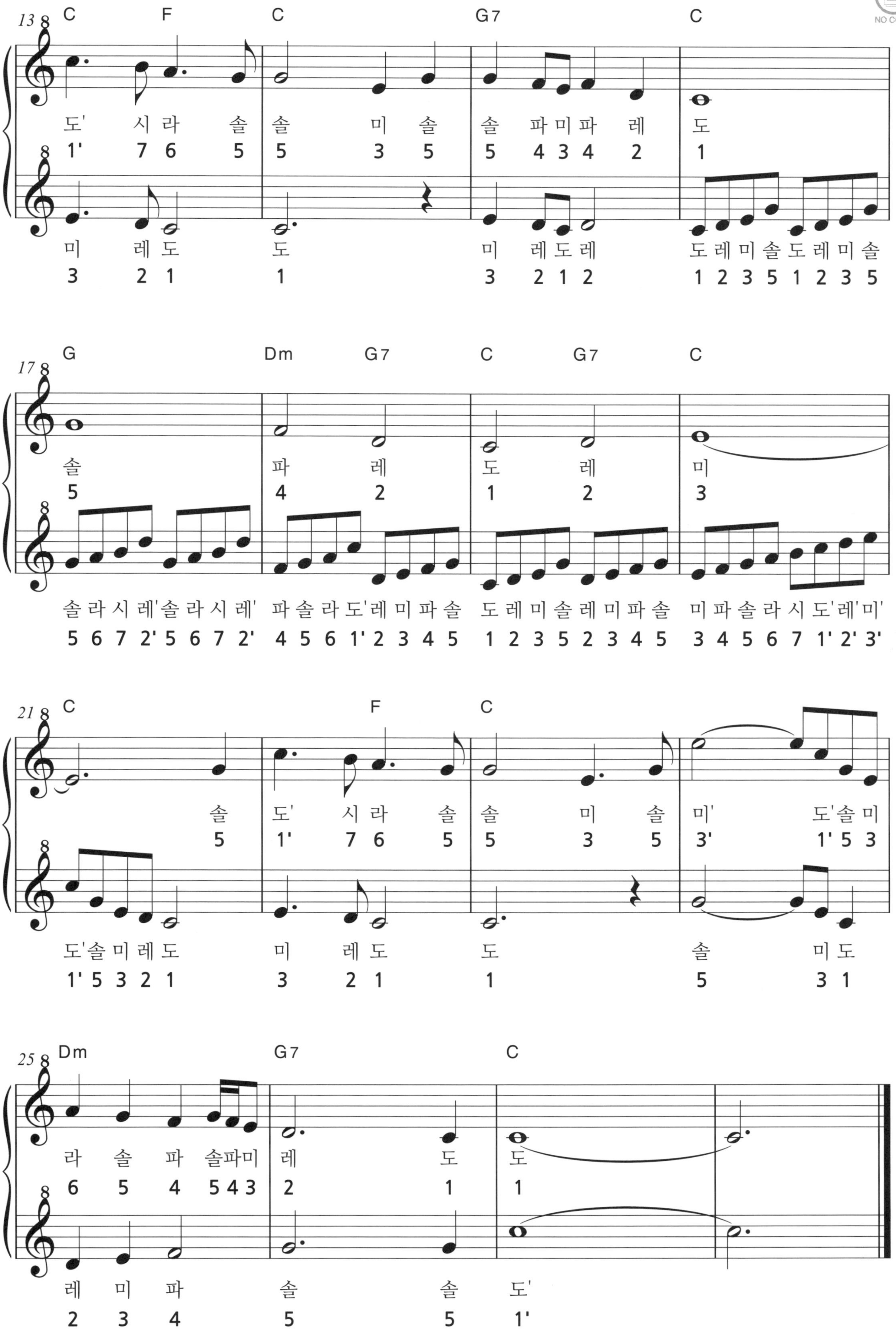
13 C F C G7 C
도' 시 라 솔 솔 미 솔 솔 파 미 파 레 도
1' 7 6 5 5 3 5 5 4 3 4 2 1
미 레 도 도 미 레 도 레 도 레 미 솔 도 레 미 솔
3 2 1 1 3 2 1 2 1 2 3 5 1 2 3 5
17 G Dm G7 C G7 C
솔 파 레 도 레 미
5 4 2 1 2 3
솔 라 시 레'솔 라 시 레' 파 솔 라 도'레 미 파 솔 도 레 미 솔 레 미 파 솔 미 파 솔 라 시 도'레'미'
5 6 7 2' 5 6 7 2' 4 5 6 1' 2 3 4 5 1 2 3 5 2 3 4 5 3 4 5 6 7 1' 2' 3'
21 C F C
솔 도' 시 라 솔 솔 미 솔 미' 도'솔 미
5 1' 7 6 5 5 3 5 3' 1' 5 3
도'솔 미 레 도 미 레 도 도 솔 미 도
1' 5 3 2 1 3 2 1 1 5 3 1
25 Dm G7 C
라 솔 파 솔파미 레 도 도
6 5 4 5 4 3 2 1 1
레 미 파 솔 솔 도'
2 3 4 5 5 1'

3

리코더 연주하기

난이도 ★★☆

고양이 버스
바람이 지나가는 길
바람이 되어
생명의 기억
아시타카의 전설
이웃집 토토로
비행기 구름 (듀엣)
산책 (듀엣)

AR MR

고양이 버스

이웃집 토토로 OST

히사이시 조 작곡

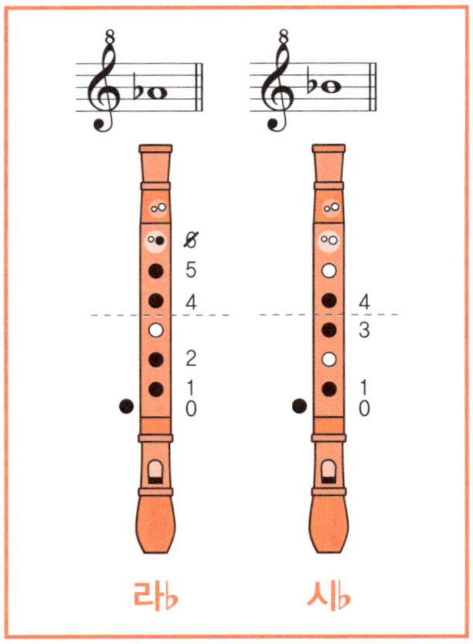
라♭
시♭

F
C7
라 라 솔 레 파 라 라 솔 레 파 레 도 미 솔
6 6 5 2 4 6 6 5 2 4 2 1 3 5
4 C7
솔 솔 솔 솔 솔 라 시♭ 시♭ 시♭ 라 솔 파
5 5 5 5 5 6 7♭ 7♭ 7♭ 6 5 4
7 F
1.
F 2.
파 파
4 4
10 B♭7
레 파 솔 파 라♭ 솔 파 라♭ 솔 파 레 파 솔 파 라♭ 솔 파 라♭
2 4 5 4 6♭ 5 4 6♭ 5 4 2 4 5 4 6♭ 5 4 6♭
13 B♭7
C7
솔 파 솔 솔 미 미 레 레 도 도 솔 솔 미 미 레 레 도 도
5 4 5 5 3 3 2 2 1 1 5 5 3 3 2 2 1 1

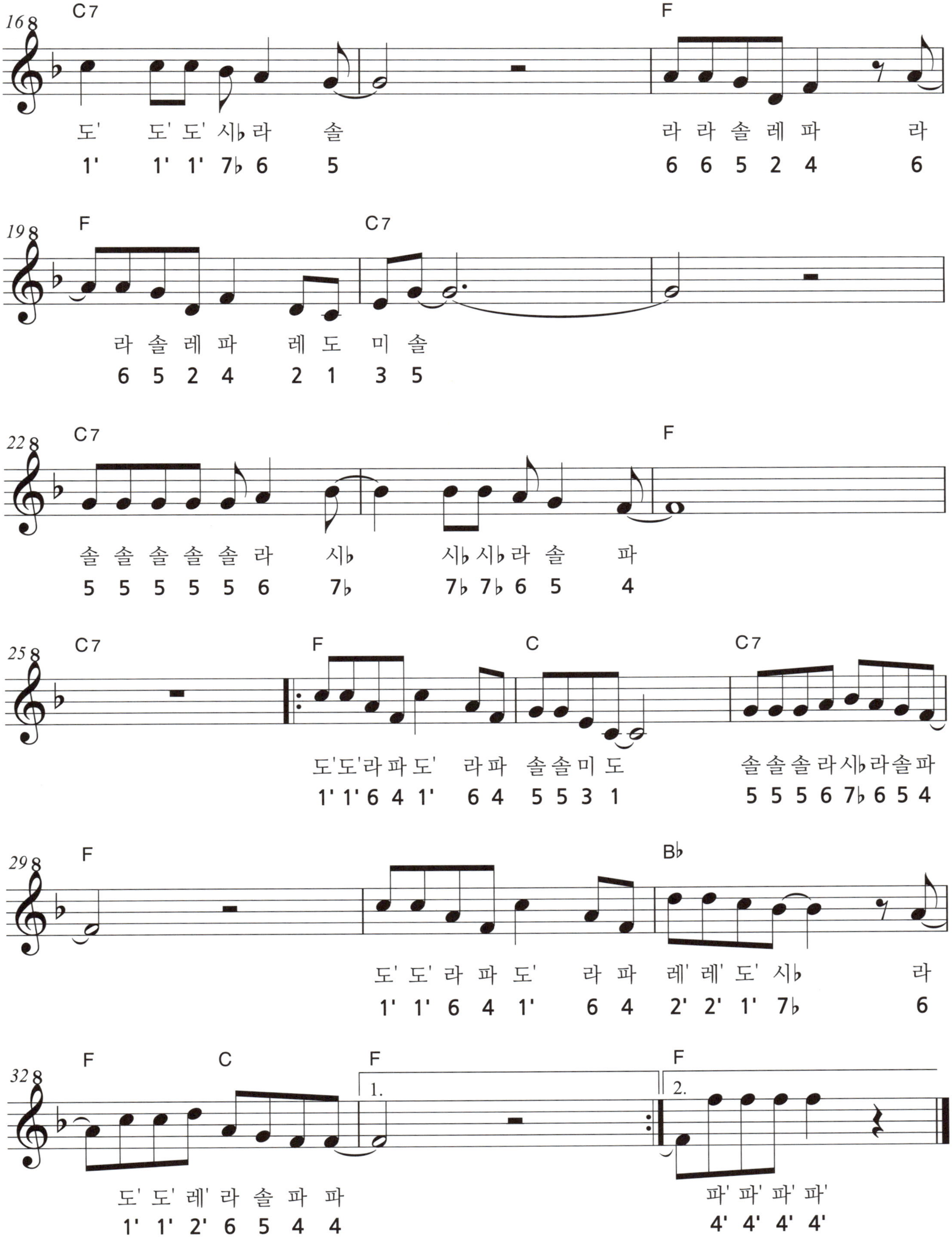
16
C7
F
도' 도' 도' 시♭라 솔
1' 1' 1' 7♭ 6 5
라 라 솔 레 파 라
6 6 5 2 4 6
19
F
C7
라 솔 레 파 레 도 미 솔
6 5 2 4 2 1 3 5
22
C7
F
솔 솔 솔 솔 솔 라 시♭ 시♭ 시♭ 라 솔 파
5 5 5 5 5 6 7♭ 7♭ 7♭ 6 5 4
25
C7
F
C
C7
도'도'라 파 도' 라 파 솔 솔 미 도
1' 1' 6 4 1' 6 4 5 5 3 1
솔 솔 솔 라 시♭라 솔 파
5 5 5 6 7♭ 6 5 4
29
F
B♭
도' 도' 라 파 도' 라 파 레' 레' 도' 시♭ 라
1' 1' 6 4 1' 6 4 2' 2' 1' 7♭ 6
32
F
C
F
F
1.
2.
도' 도' 레' 라 솔 파 파
1' 1' 2' 6 5 4 4
파' 파' 파' 파'
4' 4' 4' 4'

AR MR

바람이 지나가는 길

이웃집 토토로 OST

히사이시 조 작곡

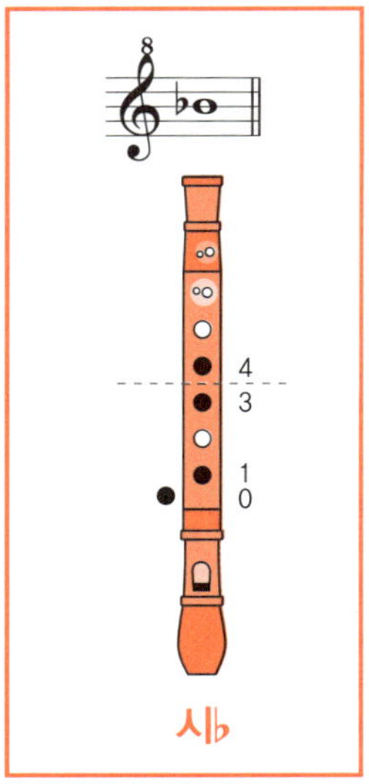
8
4
3
1
0
시♭

B♭M7
F
Gm
레 파 솔 솔 라 파 레 파 솔 솔 솔 도' 라 라 도' 레' 레' 레' 파' 미' 레' 도' 시♭
2 4 5 5 6 4 2 4 5 5 5 1' 6 6 1' 2' 2' 2' 4' 3' 2' 1' 7♭
4
A7
B♭M7
F
라 솔 레 라 레 파 솔 솔 라 파 레 파 솔 도' 라 라 도'
6 5 2 6 2 4 5 5 6 4 2 4 5 1' 6 6 1'
7
Gm
Am
Dm7
B♭M7
레' 레' 레' 파' 미' 레' 라 레 파 레 파 솔 레 솔 라 파 레 파
2' 2' 2' 4' 3' 2' 6 2 4 2 4 5 2 5 6 4 2 4

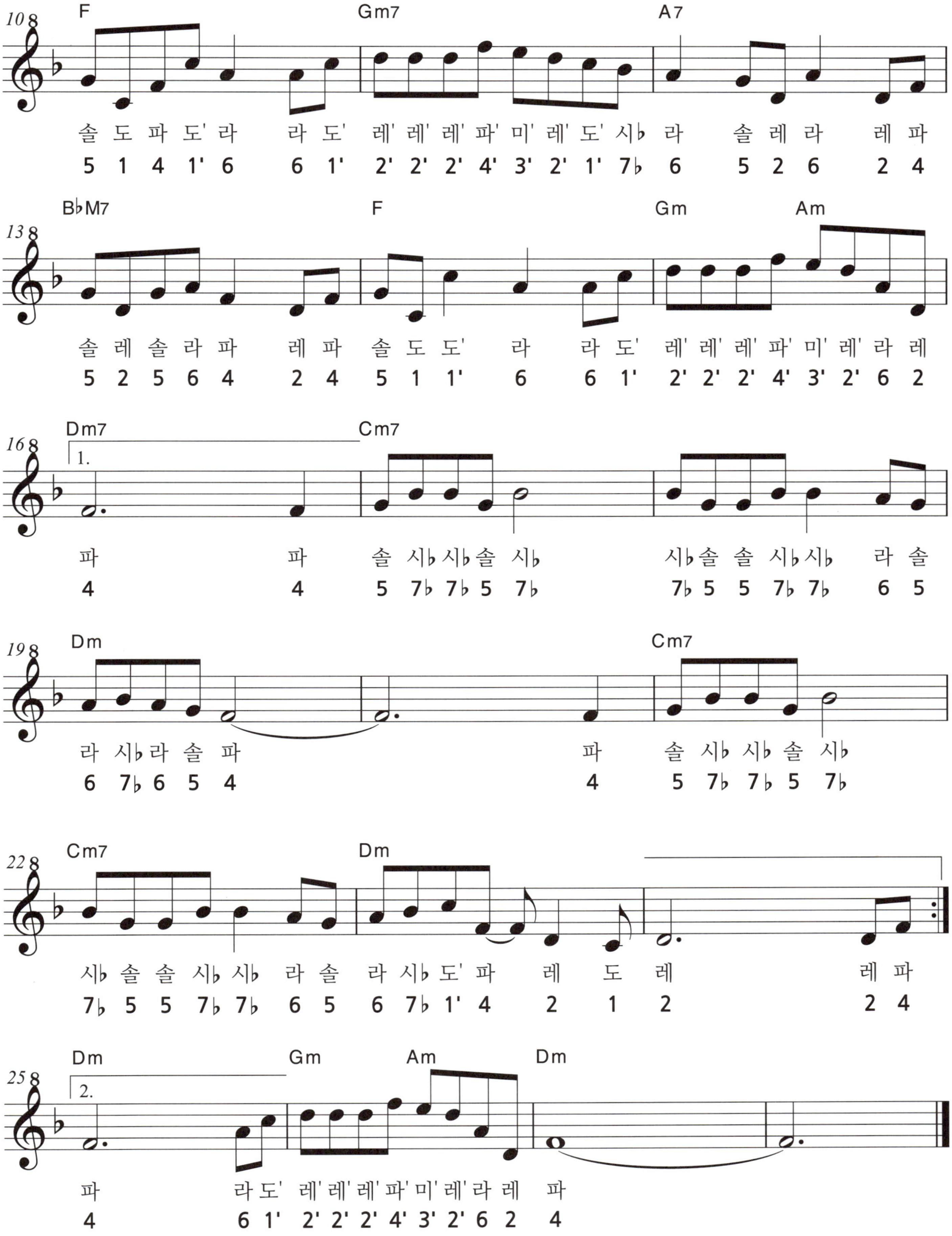
10
F
Gm7
A7
솔 도 파 도' 라 라 도' 레' 레' 레' 파' 미' 레' 도' 시♭ 라 솔 레 라 레 파
5 1 4 1' 6 6 1' 2' 2' 2' 4' 3' 2' 1' 7♭ 6 5 2 6 2 4
13
B♭M7
F
Gm
Am
솔 레 솔 라 파 레 파 솔 도 도' 라 라 도' 레' 레' 레' 파' 미' 레' 라 레
5 2 5 6 4 2 4 5 1 1' 6 6 1' 2' 2' 2' 4' 3' 2' 6 2
16
Dm7
1.
Cm7
파 파 솔 시♭ 시♭ 솔 시♭ 시♭ 솔 솔 시♭ 시♭ 라 솔
4 4 5 7♭ 7♭ 5 7♭ 7♭ 5 5 7♭ 7♭ 6 5
19
Dm
Cm7
라 시♭ 라 솔 파 파 솔 시♭ 시♭ 솔 시♭
6 7♭ 6 5 4 4 5 7♭ 7♭ 5 7♭
22
Cm7
Dm
시♭ 솔 솔 시♭ 시♭ 라 솔 라 시♭ 도' 파 레 도 레 레 파
7♭ 5 5 7♭ 7♭ 6 5 6 7♭ 1' 4 2 1 2 2 4
25
Dm
2.
Gm
Am
Dm
파 라 도' 레' 레' 레' 파' 미' 레' 라 레 파
4 6 1' 2' 2' 2' 4' 3' 2' 6 2 4

AR MR

바람이 되어

고양이의 보은 OST

츠지 아야노, 자스락 작곡

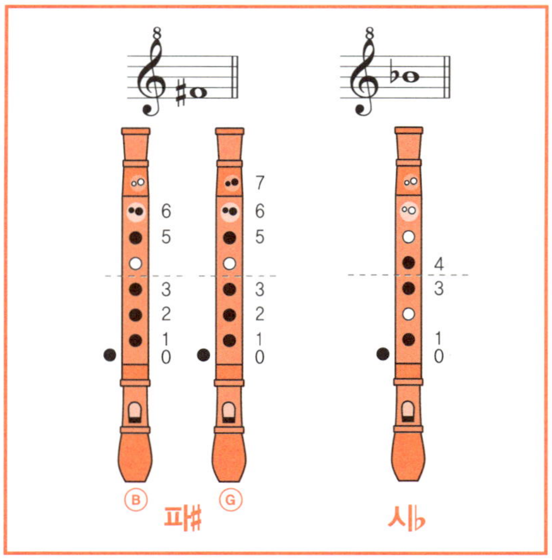
6 5 3 2 1 0
7 6 5 3 2 1 0
4 3 1 0
B
G
파#
시♭

C F Dm B♭
도 레 파 파 솔 라 레'도' 라 솔 솔 파 파 솔 파 미 파 시♭ 레 파 파 라 라
1 2 4 4 5 6 2' 1' 6 5 5 4 4 5 4 3 4 7♭ 2 4 4 6 6
5
C Am Dm B♭
솔 솔 라 솔 파#솔 도' 미 솔 라 솔 솔 파 파 솔 파 미 파 시♭ 레 파 레 레
5 5 6 5 4# 5 1' 3 5 6 5 5 4 4 5 4 3 4 7♭ 2 4 2 2
9
C F Dm B♭
도 도 레 파 파 솔 라 레'도' 라 솔 솔 파 파 솔 파 미 파 시♭ 레 파 파 라 라
1 1 2 4 4 5 6 2' 1' 6 5 5 4 4 5 4 3 4 7♭ 2 4 4 6 6
13
C Am Dm B♭ C
솔 솔 라 솔 파#솔 도' 미 솔 라 솔 솔 파 파 솔 파 미 파 시♭ 레 파 파 솔 솔
5 5 6 5 4# 5 1' 3 5 6 5 5 4 4 5 4 3 4 7♭ 2 4 4 5 5
17
F B♭ B♭m F
파 라 시♭라 솔 라 시♭ 라 솔 라 라 시♭ 시♭도'시♭도'시♭ 라 솔 파 솔 솔
4 6 7♭ 6 5 6 7♭ 6 5 6 6 7♭ 7♭ 1' 7♭ 1' 7♭ 6 5 4 5 5

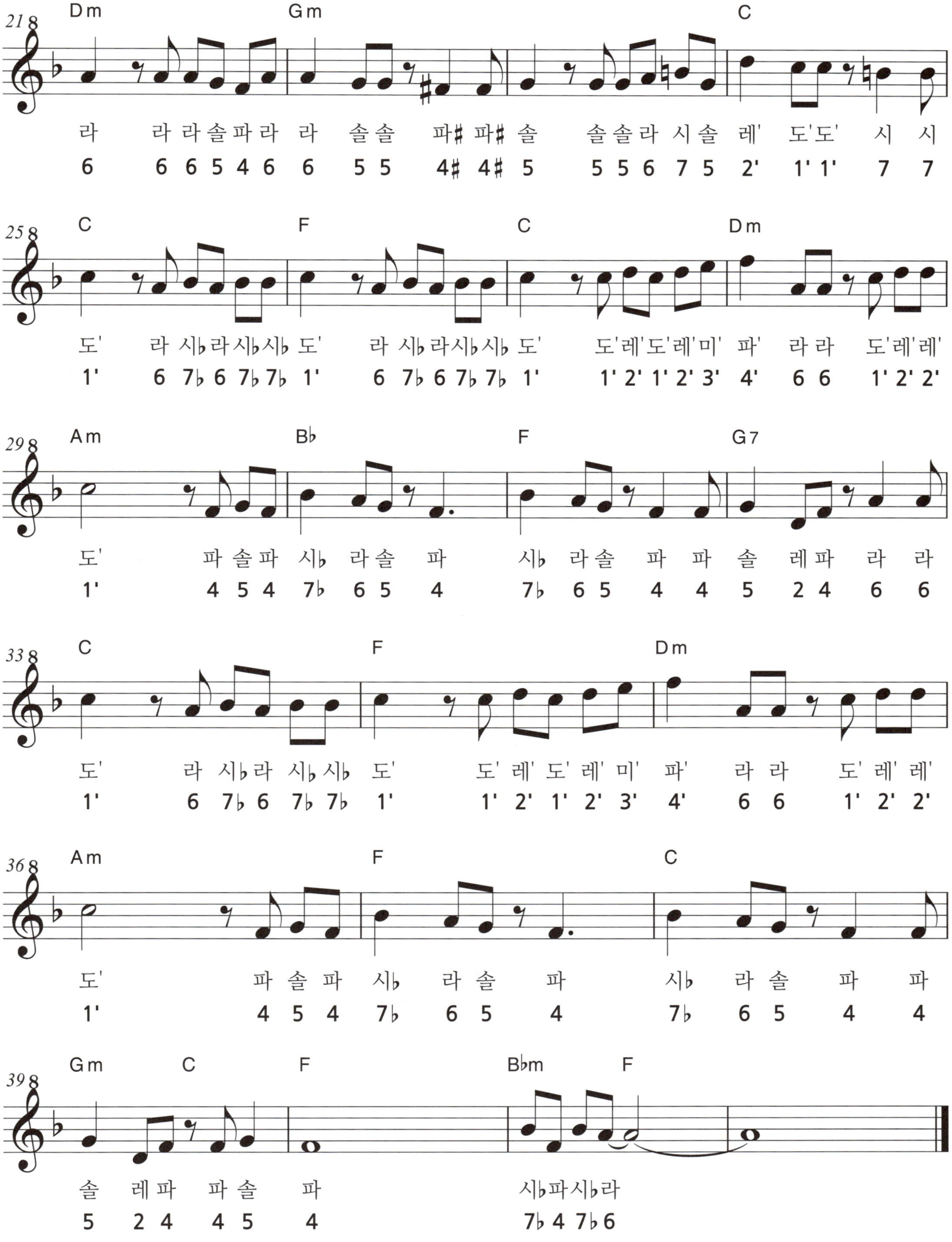
21
Dm Gm C
라 라라솔파라 라 솔솔 파# 파# 솔 솔솔라 시솔 레' 도'도' 시 시
6 6 6 5 4 6 6 5 5 4# 4# 5 5 5 6 7 5 2' 1' 1' 7 7
25
C F C Dm
도' 라 시♭라시♭시♭ 도' 라 시♭라시♭시♭ 도' 도'레'도'레'미' 파' 라라 도'레'레'
1' 6 7♭ 6 7♭ 7♭ 1' 6 7♭ 6 7♭ 7♭ 1' 1' 2' 1' 2' 3' 4' 6 6 1' 2' 2'
29
Am B♭ F G7
도' 파솔파 시♭ 라솔 파 시♭ 라솔 파 파 솔 레파 라 라
1' 4 5 4 7♭ 6 5 4 7♭ 6 5 4 4 5 2 4 6 6
33
C F Dm
도' 라 시♭라 시♭시♭ 도' 도' 레' 도' 레' 미' 파' 라 라 도' 레' 레'
1' 6 7♭ 6 7♭ 7♭ 1' 1' 2' 1' 2' 3' 4' 6 6 1' 2' 2'
36
Am F C
도' 파 솔 파 시♭ 라 솔 파 시♭ 라 솔 파 파
1' 4 5 4 7♭ 6 5 4 7♭ 6 5 4 4
39
Gm C F B♭m F
솔 레파 파솔 파 시♭파시♭라
5 2 4 4 5 4 7♭ 4 7♭6

AR MR

생명의 기억

가구야 공주 이야기 OST

니카이도 카즈미 작곡

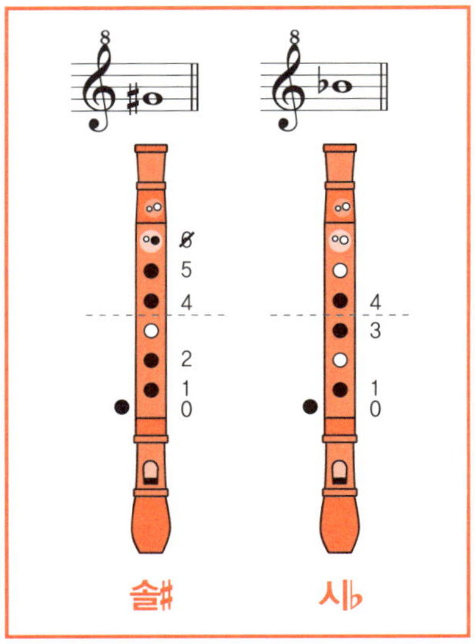
8
5
4
2
1
0
4
3
1
0
솔#
시♭

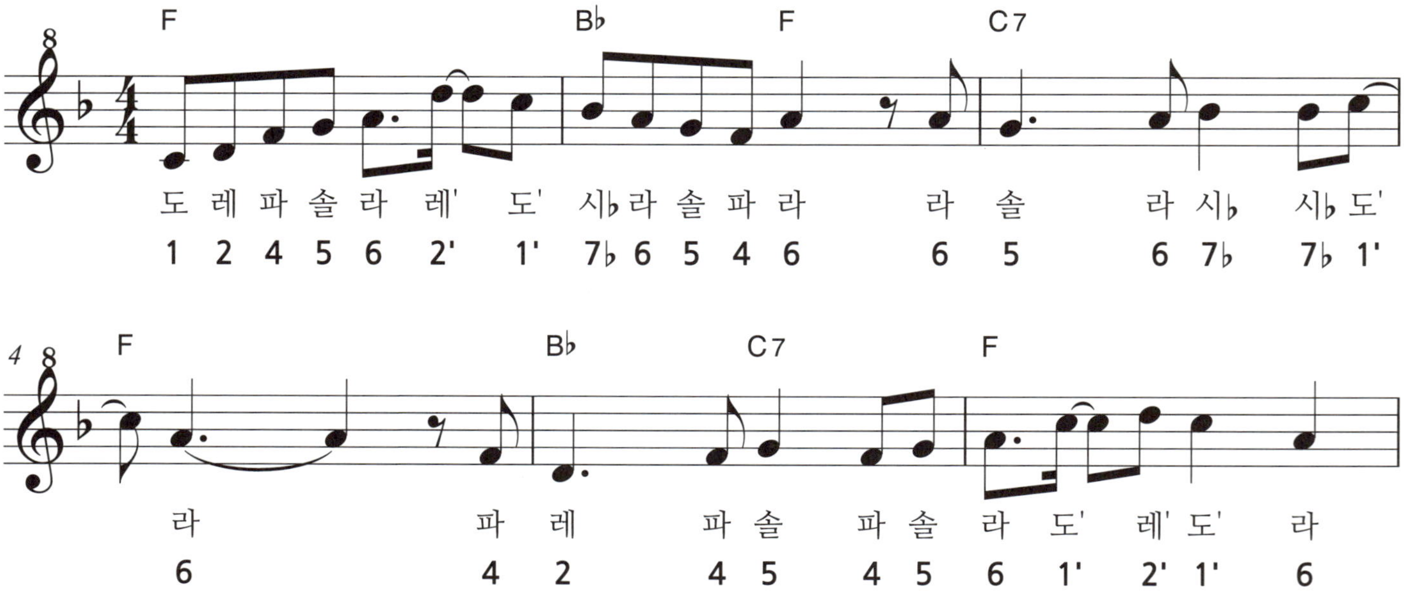
F Bb F C7
도 레 파 솔 라 레' 도' 시♭ 라 솔 파 라 라 솔 라 시♭ 시♭ 도'
1 2 4 5 6 2' 1' 7♭ 6 5 4 6 6 5 6 7♭ 7♭ 1'
4
F Bb C7 F
라 파 레 파 솔 파 솔 라 도' 레' 도' 라
6 4 2 4 5 4 5 6 1' 2' 1' 6

7
Gm7 C7 F C7
시♭ 도' 라 솔 파 미 파 미 파 솔 도 도' 시♭
7♭ 1' 6 5 4 3 4 3 4 5 1 1' 7♭
10
F F7 B♭ C7 F F♯dim
라 파 파 레' 파' 미' 파' 미' 레' 도' 라 도' 라
6 4 4 2' 4' 3' 4' 3' 2' 1' 6 1' 6
13
Gm7 C7 F Dm Gm7 C7
시♭ 도' 솔 파 솔 라 솔♯ 라 레' 레 미 파 라 솔 파 파 미
7♭ 1' 5 4 5 6 5♯ 6 2' 2 3 4 6 5 4 4 3
16
F F7 B♭ C7 F
파 파' 미' 파' 미' 파' 솔' 도'
4 4' 3' 4' 3' 4' 5' 1'
19
B♭ C7 F Aaug B♭ C7 Am Dm
레' 도'시♭ 라 솔 라 도' 레' 레'파'솔' 미' 도' 도'솔'파' 도'
2' 1' 7♭ 6 5 6 1' 2' 2' 4' 5' 3' 1' 1' 5' 4' 1'
23
Gm7 C7 F Gm7 C F
1. 2.
시♭ 도' 시♭라 솔 미 파 시♭ 도'미'도'미'파' 파'
7♭ 1' 7♭ 6 5 3 4 7♭ 1' 3' 1' 3' 4' 4'

AR MR

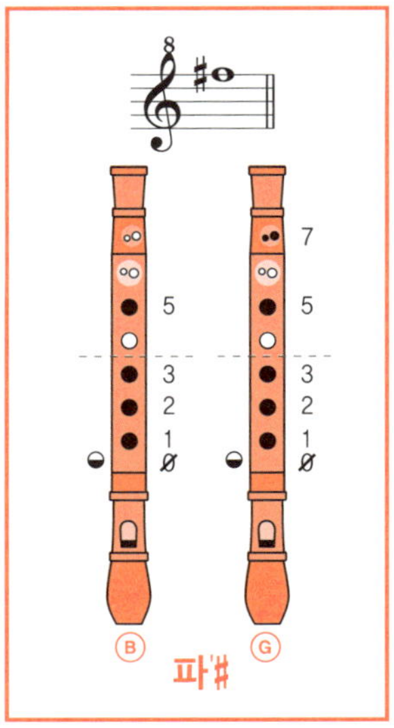
7
5
3
2
1
Ø
B
G
파'#

아시타카의 전설

모노노케 히메 OST

히사이시 조 작곡

FM7 G Am7
미 라 미' 미' 레' 도' 시 미 솔 라 라 도' 미'
3 6 3' 3' 2' 1' 7 3 5 6 6 1' 3'
3
C Dm7 C Dm Em G Em A Am
솔' 레' 미' 솔' 레' 미' 솔' 도' 시 미 솔 라 미 라 미'
5' 2' 3' 5' 2' 3' 5' 1' 7 3 5 6 3 6 3'
6
FM7 G Am7 Em Bm7
미' 레' 도' 시 미 솔 라 라 도' 미' 솔' 미' 파'# 레'
3' 2' 1' 7 3 5 6 6 1' 3' 5' 3' 4'# 2'
9
Em FM7 C
미' 미 솔 시 미' 레' 미' 라 레' 시 라 시 미
3' 3 5 7 3' 2' 3' 6 2' 7 6 7 3
12
FM7 Em FM7 G
미' 레' 미' 라 레' 도' 시 도' 레' 미' 레' 미' 솔' 미'
3' 2' 3' 6 2' 1' 7 1' 2' 3' 2' 3' 5' 3'

15
Am FM7 G Am
레' 도' 라 도' 도' 레' 미' 레' 미' 솔' 미' 도' 도' 시 미
2' 1' 6 1' 1' 2' 3' 2' 3' 5' 3' 1' 1' 7 3
18
B♭M7 Am E Am
솔 라 라 라도' 레' 도' 레' 미' 미 라 미'
5 6 6 6 1' 2' 1' 2' 3' 3 6 3'
21
FM7 G Am Em Bm7
미' 레' 도' 시 미 솔 라 라 도' 미' 솔' 미' 파'♯ 레'
3' 2' 1' 7 3 5 6 6 1' 3' 5' 3' 4'♯ 2'
24
Em FM7 G Am
미' 미 라 미' 미' 레' 도' 시 미 솔 라 라 도' 미'
3' 3 6 3' 3' 2' 1' 7 3 5 6 6 1' 3'
27
C Dm C Dm Em G Em Am
솔' 솔' 레' 미' 솔' 레' 미' 솔' 도' 시 미 솔 라
5' 5' 2' 3' 5' 2' 3' 5' 1' 7 3 5 6
30
G Em Am
솔 미' 레' 라 레' 미' 미' 미'
5 3' 2' 6 2' 3' 3' 3'

AR MR

이웃집 토토로

이웃집 토토로 OST

히사이시 조, 미야자키 하야오 작곡

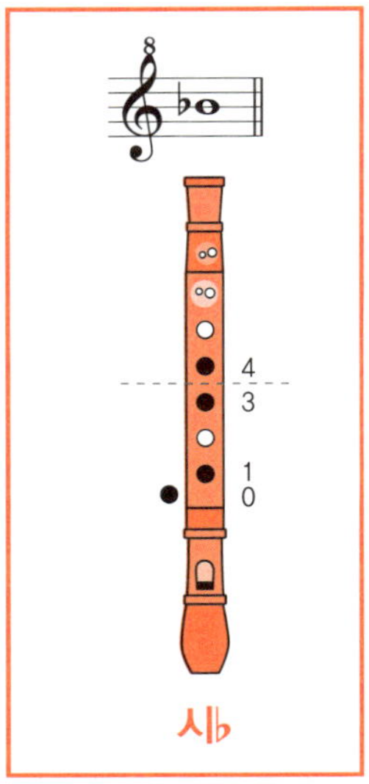
4
3
1
0
시♭

F C7 C♯dim7 Dm
도' 라 파 도' 시♭ 솔 시♭ 솔 미 시♭ 라 파
1' 6 4 1' 7♭ 5 7♭ 5 3 7♭ 6 4
5
B♭ C Am Dm Gm7 C7
시♭ 도' 도'도' 라 레 파 라 도' 도'도'도' 도'도' 도' 미 파 솔
7♭ 1' 1' 1' 6 2 4 6 1' 1' 1' 1' 1' 1' 1' 3 4 5
9
F C Dm Am B♭
파 미 파 도 파 미 파 라 시♭ 라 솔 파 시♭
4 3 4 1 4 3 4 6 7♭ 6 5 4 7♭
14
B♭m Gm7 C F C
라 솔 파 파 솔 솔 미 파 솔 파 미 파 도
6 5 4 4 5 5 3 4 5 4 3 4 1
19
Dm Cm D7 Gm7 B♭m
파 미 파 도' 시♭ 시♭ 시♭ 시♭ 시♭ 라 솔 시♭ 솔 라 시♭
4 3 4 1' 7♭ 7♭ 7♭ 7♭ 7♭ 6 5 7♭ 5 6 7♭

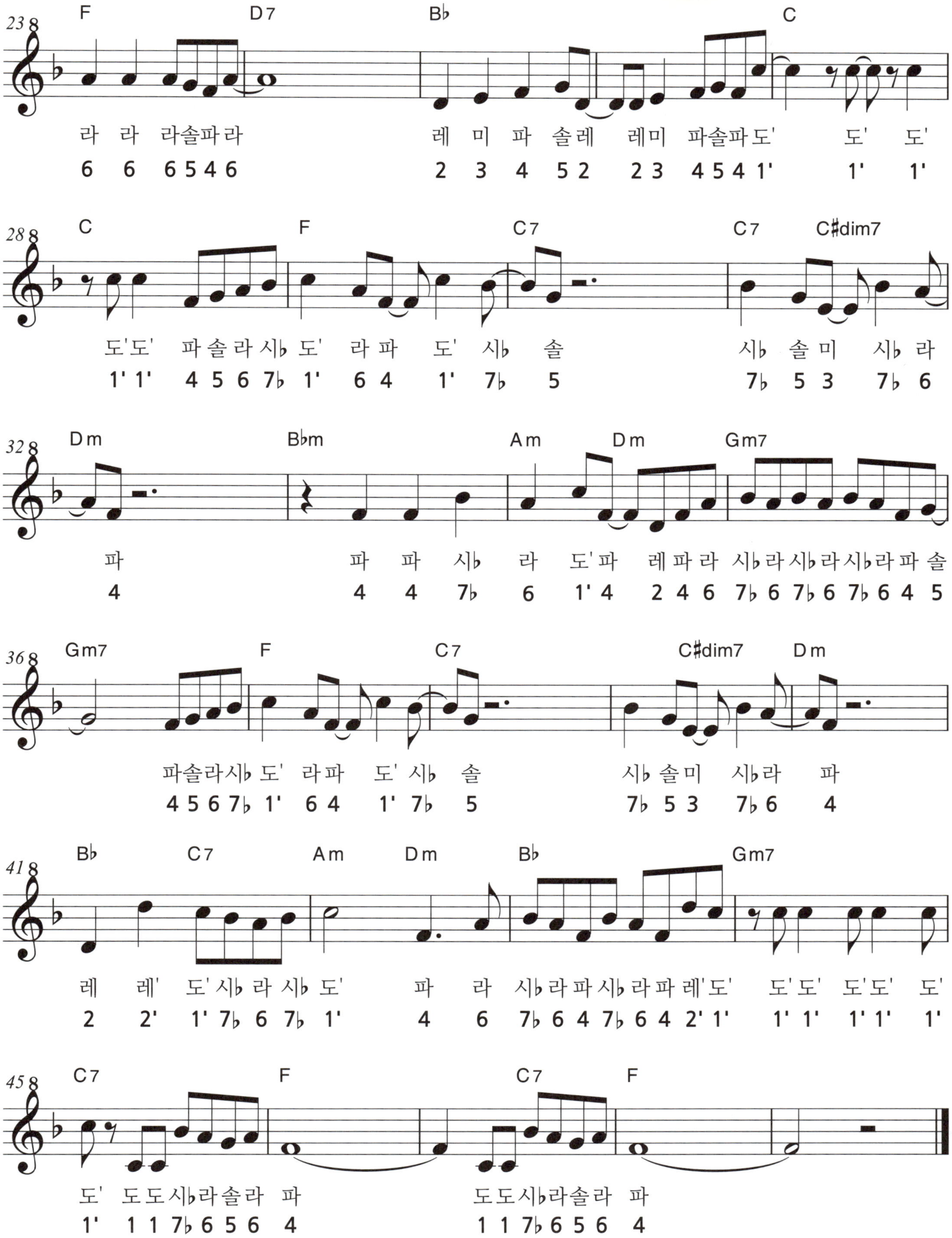
23
F D7 B♭ C
라 라 라솔파라 레 미 파 솔레 레미 파솔파도' 도' 도'
6 6 6546 2 3 4 52 23 4541' 1' 1'
28
C F C7 C7 C♯dim7
도'도' 파솔라시♭ 도' 라파 도' 시♭ 솔 시♭ 솔미 시♭ 라
1' 1' 4 5 6 7♭ 1' 6 4 1' 7♭ 5 7♭ 5 3 7♭ 6
32
Dm B♭m Am Dm Gm7
파 파 파 시♭ 라 도'파 레파라 시♭라시♭라시♭라파 솔
4 4 4 7♭ 6 1' 4 2 4 6 7♭ 6 7♭ 6 7♭ 6 4 5
36
Gm7 F C7 C♯dim7 Dm
파솔라시♭ 도' 라파 도' 시♭ 솔 시♭ 솔미 시♭라 파
4 5 6 7♭ 1' 6 4 1' 7♭ 5 7♭ 5 3 7♭ 6 4
41
B♭ C7 Am Dm B♭ Gm7
레 레' 도'시♭ 라 시♭ 도' 파 라 시♭라파시♭라파 레'도' 도'도' 도'도' 도'
2 2' 1' 7♭ 6 7♭ 1' 4 6 7♭ 6 4 7♭ 6 4 2' 1' 1' 1' 1' 1' 1'
45
C7 F C7 F
도' 도도시♭라솔라 파 도도시♭라솔라 파
1' 1 1 7♭ 6 5 6 4 1 1 7♭ 6 5 6 4

AR MR

비행기 구름

바람이 분다 OST

아라이 유미 작곡

C
Em
솔 라 솔 솔솔라 솔 미 솔 솔솔
5 6 5 5 5 6 5 3 5 5 5
도 도 도 미 솔 라 시 라 솔
1 1 1 3 5 6 7 6 5
3
F
C
Dm
솔 파 솔 라 도' 라 솔 라 라
5 4 5 6 1' 6 5 6 6
파 도 파 미 도 미 레 파 레 도 레 미 파
4 1 4 3 1 3 2 4 2 1 2 3 4
5
G
Em
시 라 시 시 도'시 라 솔 미 솔 라
7 6 7 7 1' 7 6 5 3 5 6
솔 레 솔 파 레 파 미 솔 시 레' 도'시 파
5 2 5 4 2 4 3 5 7 2' 1' 7 4

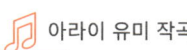

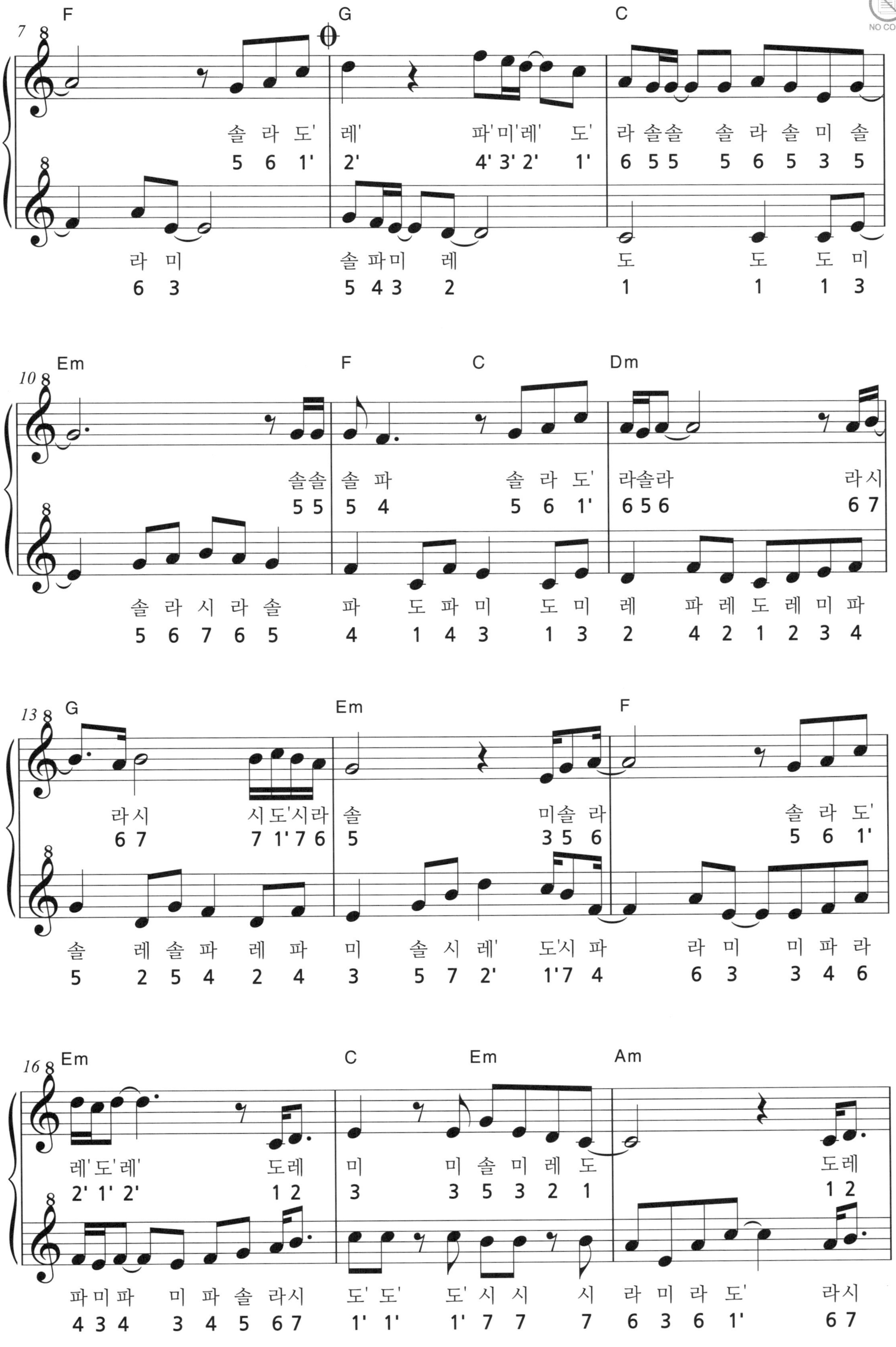
7
F G C
솔 라 도' 레' 파'미'레' 도' 라 솔솔 솔 라 솔 미 솔
5 6 1' 2' 4' 3' 2' 1' 6 5 5 5 6 5 3 5
라 미 솔 파미 레 도 도 도 미
6 3 5 4 3 2 1 1 1 3
10
Em F C Dm
솔솔 솔 파 솔 라 도' 라솔라 라시
5 5 5 4 5 6 1' 6 5 6 6 7
솔 라 시 라 솔 파 도 파 미 도 미 레 파 레 도 레 미 파
5 6 7 6 5 4 1 4 3 1 3 2 4 2 1 2 3 4
13
G Em F
라시 시도'시라 솔 미솔 라 솔 라 도'
6 7 7 1' 7 6 5 3 5 6 5 6 1'
솔 레 솔 파 레 파 미 솔 시 레' 도'시 파 라 미 미 파 라
5 2 5 4 2 4 3 5 7 2' 1'7 4 6 3 3 4 6
16
Em C Em Am
레'도'레' 도레 미 미 솔 미 레 도 도레
2' 1' 2' 1 2 3 3 5 3 2 1 1 2
파미파 미 파 솔 라시 도' 도' 도' 시 시 시 라 미 라 도' 라시
4 3 4 3 4 5 6 7 1' 1' 1' 7 7 7 6 3 6 1' 6 7

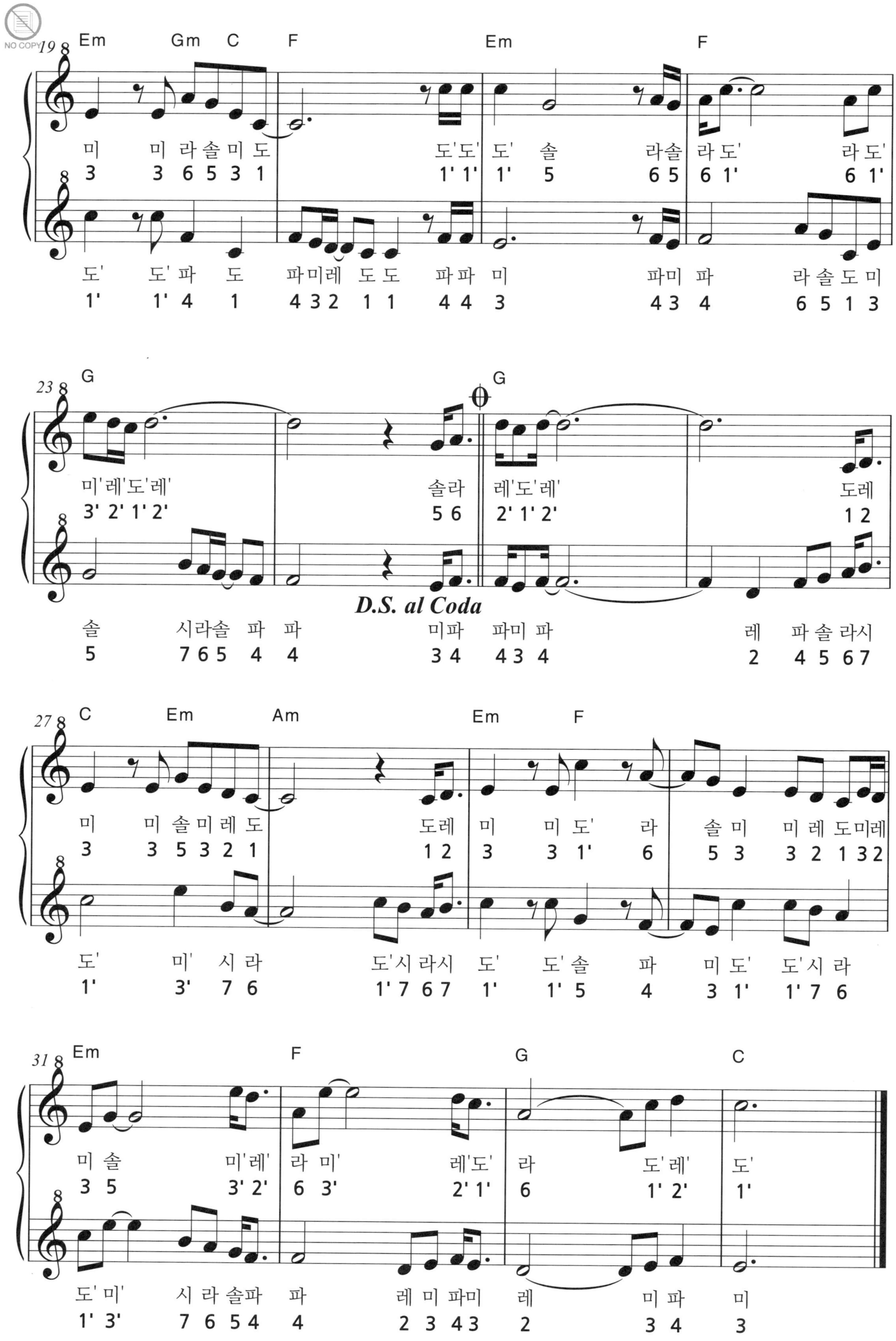
NO COPY
19
Em Gm C F Em F
미 미 라 솔 미 도 도'도' 도' 솔 라솔 라 도' 라 도'
3 3 6 5 3 1 1' 1' 1' 5 6 5 6 1' 6 1'
도' 도' 파 도 파 미 레 도 도 파 파 미 파 미 파 라 솔 도 미
1' 1' 4 1 4 3 2 1 1 4 4 3 4 3 4 6 5 1 3
23
G G
미'레'도'레' 솔라 레'도'레' 도레
3' 2' 1' 2' 5 6 2' 1' 2' 1 2
D.S. al Coda
솔 시라솔 파 파 미파 파미 파 레 파 솔 라시
5 7 6 5 4 4 3 4 4 3 4 2 4 5 6 7
27
C Em Am Em F
미 미 솔 미 레 도 도레 미 미 도' 라 솔 미 미 레 도미레
3 3 5 3 2 1 1 2 3 3 1' 6 5 3 3 2 1 3 2
도' 미' 시 라 도'시 라시 도' 도' 솔 파 미 도' 도'시 라
1' 3' 7 6 1' 7 6 7 1' 1' 5 4 3 1' 1' 7 6
31
Em F G C
미 솔 미'레' 라 미' 레'도' 라 도'레' 도'
3 5 3' 2' 6 3' 2' 1' 6 1' 2' 1'
도' 미' 시 라 솔파 파 레 미 파미 레 미 파 미
1' 3' 7 6 5 4 4 2 3 4 3 2 3 4 3

AR MR

산책

이웃집의 토토로 OST

히사이시 조, 나카가와 리에코 작곡

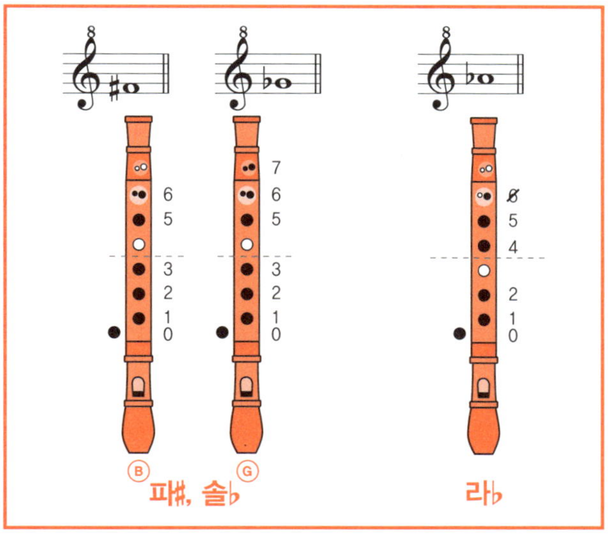

파#, 솔♭
라♭

F G7 Em7 Am
라 솔 파 미 레 라 솔 파 미 레 도 솔
6 5 4 3 2 6 5 4 3 2 1 5
파 미 레 파 미 레 도
4 3 2 4 3 2 1
Dm G7 C
파' 파' 미' 레' 도' 시 라 시 도' 도' 도' 도' 도'
4' 4' 3' 2' 1' 7 6 7 1' 1' 1' 1' 1'
라 라 라 솔 파 레 도 도'
6 6 6 5 4 2 1 1'
C G7
미 솔 도' 솔 라 솔
3 5 1' 5 6 5
미 미 미 미 파 솔 파 미 솔 시
3 3 3 3 4 5 4 3 5 7

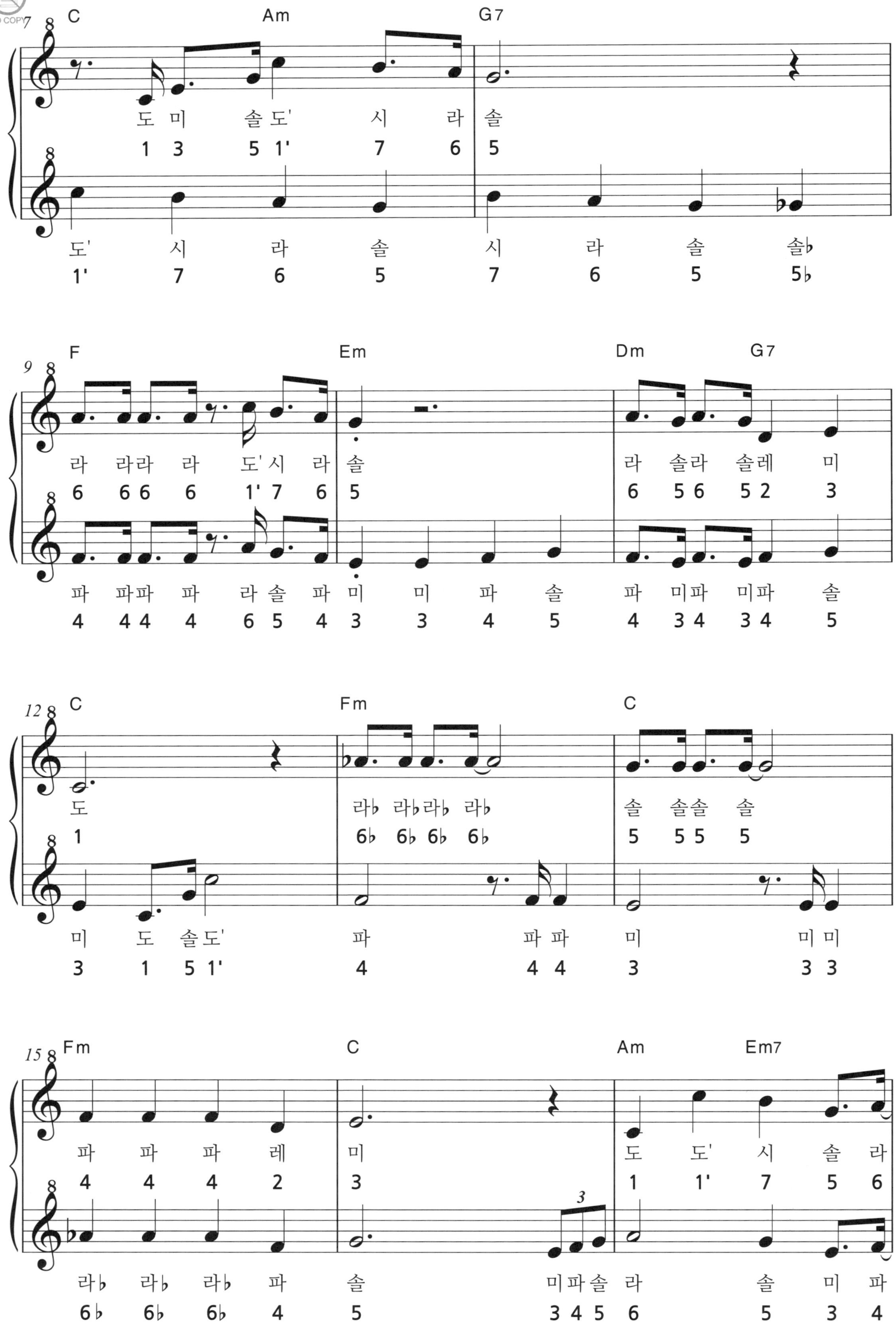
7
C Am G7
도 미 솔 도' 시 라 솔
1 3 5 1' 7 6 5
도' 시 라 솔 시 라 솔 솔♭
1' 7 6 5 7 6 5 5♭
9
F Em Dm G7
라 라라 라 도'시 라 솔 라 솔라 솔레 미
6 6 6 6 1' 7 6 5 6 5 6 5 2 3
파 파파 파 라 솔 파 미 미 파 솔 파 미파 미파 솔
4 4 4 4 6 5 4 3 3 4 5 4 3 4 3 4 5
12
C Fm C
도 라♭ 라♭라♭ 라♭ 솔 솔솔 솔
1 6♭ 6♭ 6♭ 6♭ 5 5 5 5
미 도 솔 도' 파 파 파 미 미 미
3 1 5 1' 4 4 4 3 3 3
15
Fm C Am Em7
파 파 파 레 미 도 도' 시 솔 라
4 4 4 2 3 1 1' 7 5 6
3
라♭ 라♭ 라♭ 파 솔 미파솔 라 솔 미 파
6♭ 6♭ 6♭ 4 5 3 4 5 6 5 3 4

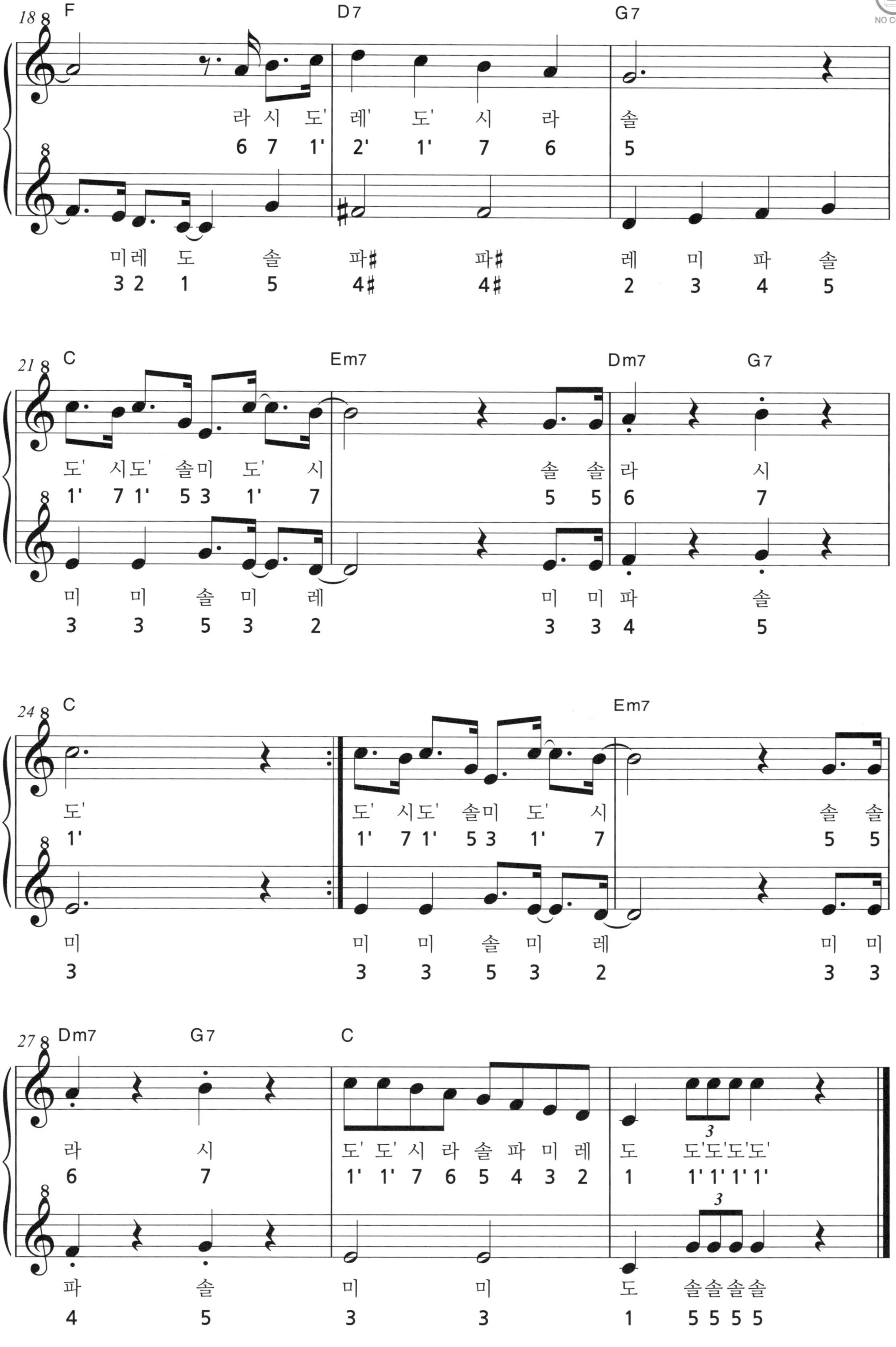
18
F D7 G7
라 시 도' 레' 도' 시 라 솔
6 7 1' 2' 1' 7 6 5
미레 도 솔 파♯ 파♯ 레 미 파 솔
3 2 1 5 4♯ 4♯ 2 3 4 5
21
C Em7 Dm7 G7
도' 시도' 솔미 도' 시 솔 솔 라 시
1' 7 1' 5 3 1' 7 5 5 6 7
미 미 솔 미 레 미 미 파 솔
3 3 5 3 2 3 3 4 5
24
C Em7
도' 도' 시도' 솔미 도' 시 솔 솔
1' 1' 7 1' 5 3 1' 7 5 5
미 미 미 솔 미 레 미 미
3 3 3 5 3 2 3 3
27
Dm7 G7 C
라 시 도' 도' 시 라 솔 파 미 레 도 도'도'도'도'
6 7 1' 1' 7 6 5 4 3 2 1 1' 1' 1' 1'
3 3
파 솔 미 미 도 솔솔솔솔
4 5 3 3 1 5 5 5 5

3

리코더 연주하기

난이도 ★★★

나우시카 레퀴엠
돌아갈 수 없는 날들
어느 여름날
오월의 마을
인생의 회전목마

AR MR

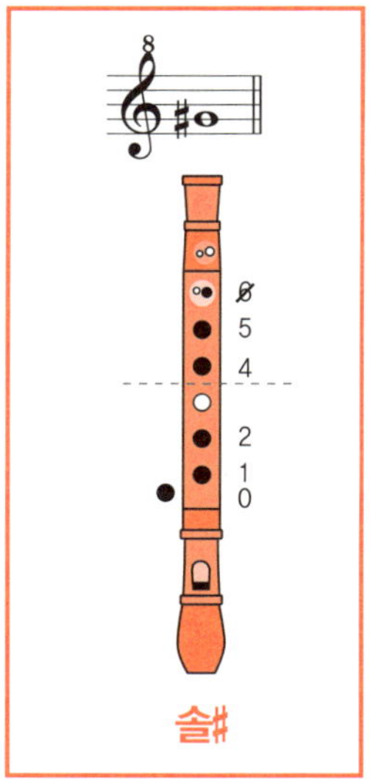

나우시카 레퀴엠

바람계곡의 나우시카 OST

히사이시 조 작곡

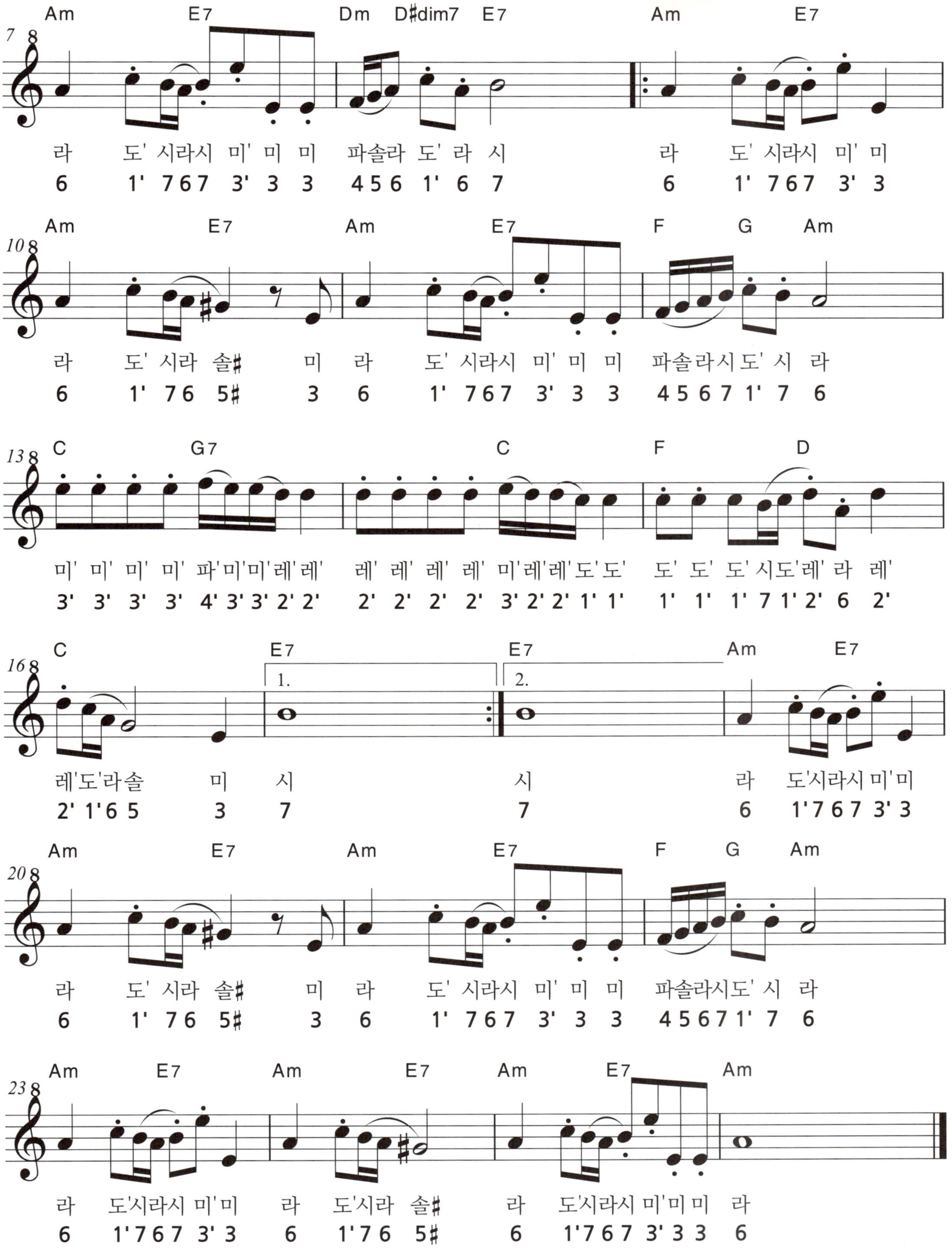
Am E7 Dm D♯dim7 E7 Am E7
7
라 도' 시라시 미' 미 미 파솔라 도' 라 시 라 도' 시라시 미' 미
6 1' 767 3' 3 3 456 1' 6 7 6 1' 767 3' 3
Am E7 Am E7 F G Am
10
라 도' 시라 솔♯ 미 라 도' 시라시 미' 미 미 파솔라시도' 시 라
6 1' 76 5♯ 3 6 1' 767 3' 3 3 4567 1' 7 6
C G7 C F D
13
미' 미' 미' 미' 파'미'미'레'레' 레' 레' 레' 레' 미'레'레'도'도' 도' 도' 도' 시도'레' 라 레'
3' 3' 3' 3' 4' 3' 3' 2' 2' 2' 2' 2' 2' 3' 2' 2' 1' 1' 1' 1' 1' 7 1' 2' 6 2'
C E7 E7 Am E7
16
1.
2.
레'도'라솔 미 시 시 라 도'시라시 미'미
2' 1'6 5 3 7 7 6 1'7 6 7 3' 3
Am E7 Am E7 F G Am
20
라 도' 시라 솔♯ 미 라 도' 시라시 미' 미 미 파솔라시도' 시 라
6 1' 76 5♯ 3 6 1' 767 3' 3 3 4567 1' 7 6
Am E7 Am E7 Am E7 Am
23
라 도'시라시 미'미 라 도'시라 솔♯ 라 도'시라시 미'미 미 라
6 1'767 3' 3 6 1'76 5♯ 6 1'767 3' 3 3 6

AR MR

돌아갈 수 없는 날들

붉은 돼지 OST

히사이시 조 작곡

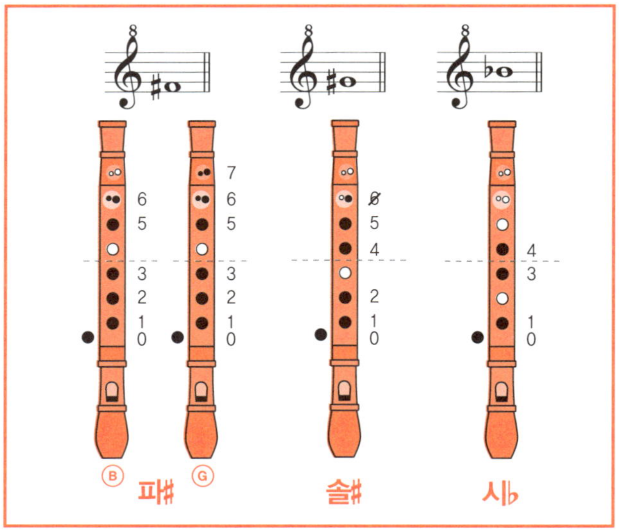
1 2 3 4 5 6 7 8
파# 솔# 시♭

FM7 G7 Em7
솔 도'레' 미' 미' 미' 파' 레'도' 레' 솔시도' 레' 레' 레' 레' 미' 도'시
5 1' 2' 3' 3' 3' 4' 2' 1' 2' 5 7 1' 2' 2' 2' 2' 3' 1' 7
Am Dm G7 CM7 FM7
라 시 도' 레' 시 라 시 시♭ 미' 미' 미' 미' 미' 파' 레'도'
6 7 1' 2' 7 6 7 7♭ 3' 3' 3' 3' 3' 4' 2' 1'
G7 Em7 Am Dm G7
레' 솔시도' 레' 레' 레' 미' 도'시 라 시 도' 레' 시 라
2' 5 7 1' 2' 2' 2' 3' 1' 7 6 7 1' 2' 7 6
CM7 Dm7 Em7
솔 미파솔 솔 파 파미파 파솔라 라 솔 솔파#솔 솔라시
5 3 4 5 5 4 4 3 4 4 5 6 6 5 5 4# 5 5 6 7
F G FM7
시 라 라솔#라 레' 시 미 미 레 미 솔미
7 6 6 5# 6 2' 7 3 3 2 3 5 3

16 CM7 FM7 CM7
레도도 미 미 레 미 솔미 레도도 솔 도' 시
2 1 1 3 3 2 3 5 3 2 1 1 5 1' 7
19 Dm Em7 Dm7 C#m7
라솔라 라솔파 솔 파 미 미' 미' 미'레'
6 5 6 6 5 4 5 4 3 3' 3' 3' 2'
22 FM7 G7 Em7
미' 미' 미' 미' 파' 레'도' 레' 솔시도' 레' 레' 레' 미' 도'시
3' 3' 3' 3' 4' 2' 1' 2' 5 7 1' 2' 2' 2' 3' 1' 7
25 Am Dm G7 CM7 FM7
라 시 도' 레' 시 라 시 미'레' 미' 미' 미' 파' 레'도'
6 7 1' 2' 7 6 7 3' 2' 3' 3' 3' 4' 2' 1'
28 G7 Em7 Dm Em7
레' 솔시도' 레' 레' 레' 레' 미' 도'시 라 시 도' 레' 시
2' 5 7 1' 2' 2' 2' 2' 3' 1' 7 6 7 1' 2' 7
31 Am7 G A
라 미시라 시 솔 라
6 3 7 6 7 5 6

AR MR

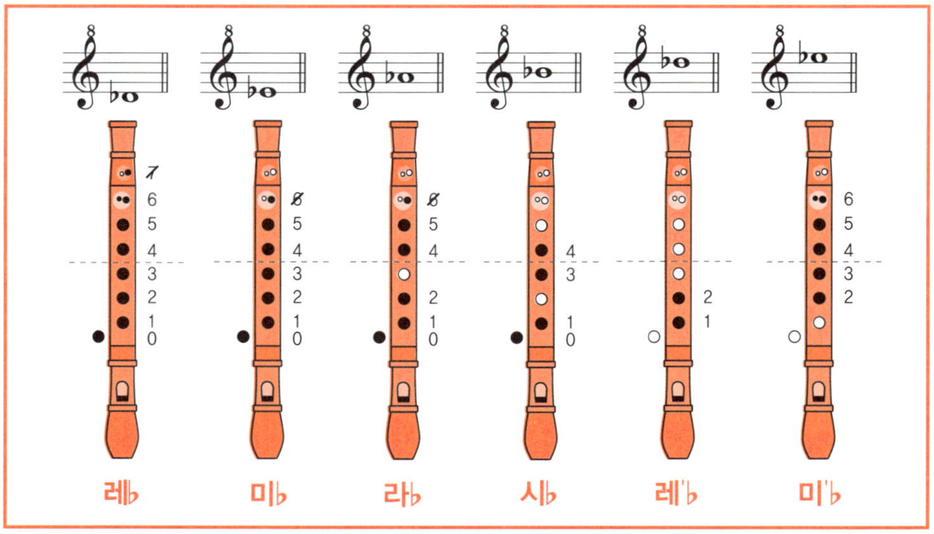

레♭
미♭
라♭
시♭
레'♭
미'♭

어느 여름날

센과 치히로의 행방불명 OST

히사이시 조 작곡

B♭M7 Dm7
라 라 라 라 솔 라 레' 라 솔 솔 솔 솔 솔 파 솔 도' 솔 파 미 파 레 미
6 6 6 6 5 6 2' 6 5 5 5 5 5 4 5 1' 5 4 3 4 2 3
Gm7 FM7 B♭m7 C7 A7
파 파 파 파 레미 파 파 파 파 미 파 레미 파 파 파 파 파 도' 파 솔
4 4 4 4 2 3 4 4 4 4 3 4 2 3 4 4 4 4 4 1' 4 5
B♭M7 C6 FM7 Dm7
라 라 라 라 솔 라 레' 라솔솔 솔 솔 솔 솔 파 솔 도' 솔 파 미 파 레미
6 6 6 6 5 6 2' 6 5 5 5 5 5 5 4 5 1' 5 4 3 4 2 3
Gm7 FM7 B♭7 C7
파 파 파 파 파 레미 파 파 파 파 미 파 레미 파 파 파 파 파 도' 라♭ 솔 라 시♭
4 4 4 4 4 2 3 4 4 4 4 3 4 2 3 4 4 4 4 4 1' 6♭ 5 6 7♭
B♭M7 A7 Dm Cm7 F7 B♭M7 A7 Dm
도'도' 도'도'시♭라솔 솔 라파 솔 라 시♭ 도'도'도'도'도'시♭라솔 솔 라라 파 솔
1' 1' 1' 1' 7♭ 6 5 5 6 4 5 6 7♭ 1' 1' 1' 1' 1' 7♭ 6 5 5 6 6 4 5

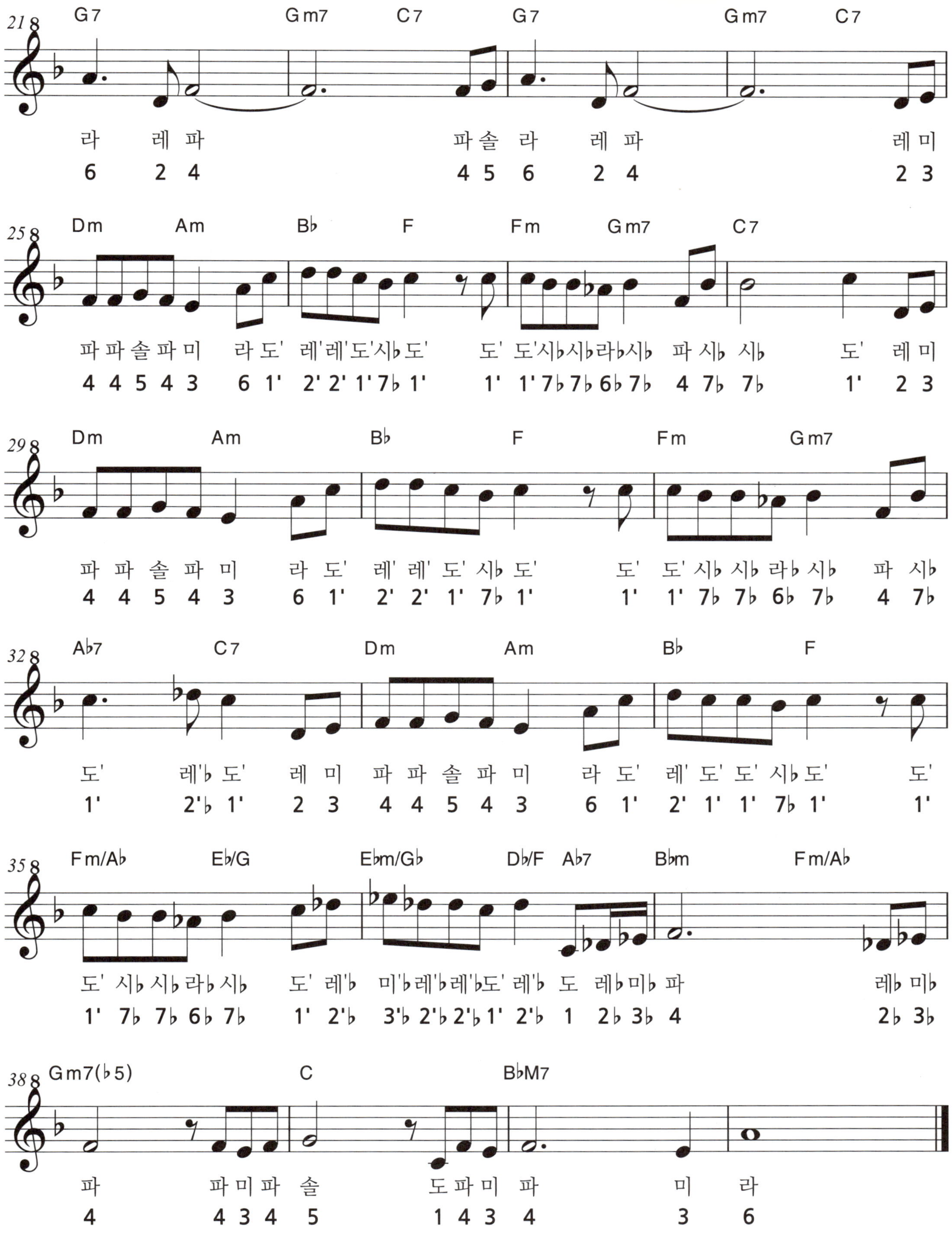
21
G7 Gm7 C7 G7 Gm7 C7
라 레 파 파 솔 라 레 파 레 미
6 2 4 4 5 6 2 4 2 3
25
Dm Am B♭ F Fm Gm7 C7
파 파 솔 파 미 라 도' 레'레'도'시♭도' 도' 도'시♭시♭라♭시♭ 파 시♭ 시♭ 도' 레 미
4 4 5 4 3 6 1' 2' 2' 1' 7♭ 1' 1' 1' 7♭ 7♭ 6♭ 7♭ 4 7♭ 7♭ 1' 2 3
29
Dm Am B♭ F Fm Gm7
파 파 솔 파 미 라 도' 레' 레' 도' 시♭ 도' 도' 도' 시♭ 시♭ 라♭ 시♭ 파 시♭
4 4 5 4 3 6 1' 2' 2' 1' 7♭ 1' 1' 1' 7♭ 7♭ 6♭ 7♭ 4 7♭
32
A♭7 C7 Dm Am B♭ F
도' 레'♭ 도' 레 미 파 파 솔 파 미 라 도' 레' 도' 도' 시♭ 도' 도'
1' 2'♭ 1' 2 3 4 4 5 4 3 6 1' 2' 1' 1' 7♭ 1' 1'
35
Fm/A♭ E♭/G E♭m/G♭ D♭/F A♭7 B♭m Fm/A♭
도' 시♭ 시♭ 라♭ 시♭ 도' 레'♭ 미'♭ 레'♭ 레'♭ 도' 레'♭ 도 레♭ 미♭ 파 레♭ 미♭
1' 7♭ 7♭ 6♭ 7♭ 1' 2'♭ 3'♭ 2'♭ 2'♭ 1' 2'♭ 1 2♭ 3♭ 4 2♭ 3♭
38
Gm7(♭5) C B♭M7
파 파 미 파 솔 도 파 미 파 미 라
4 4 3 4 5 1 4 3 4 3 6

AR MR

오월의 마을

이웃집 토토로 OST

히사이시 조 작곡

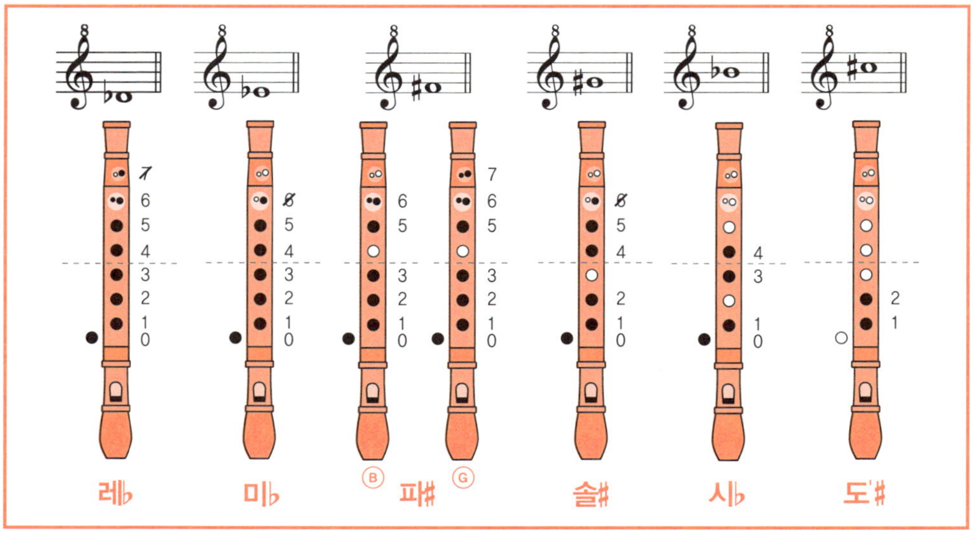

레♭
미♭
Ⓑ 파# Ⓖ
솔#
시♭
도#

B♭ F Dm Gm C7
레' 레' 미' 레' 도'# 레' 미' 레' 도' 파' 파 시♭ 시♭ 도' 시♭ 라 시♭ 도' 시♭
2' 2' 3' 2' 1'# 2' 3' 2' 1' 4' 4 7♭ 7♭ 1' 7♭ 6 7♭ 1' 7♭
A7 Gm C7 F Dm
라 레 도 솔 솔 라 솔 파# 솔 라 솔 파 도' 파 레 파 라
6 2 1 5 5 6 5 4# 5 6 5 4 1' 4 2 4 6
Gm C F Dm
시♭ 도' 시♭ 도' 라 라 파 도 레 미 도 도' 시♭ 라 솔 파
7♭ 1' 7♭ 1' 6 6 4 1 2 3 1 1' 7♭ 6 5 4
Gm C F Dm Gm7 C
레 라 솔 미 레 도 도' 시♭ 라 라 솔 파 파 미 레 도 레 도
2 6' 5 3 2 1 1' 7♭ 6 6 5 4 4 3 2 1 2 1
F Dm Gm C F Dm
도 도' 시♭ 라 솔 파 레 라 솔 파 레 파 도
1 1' 7♭ 6 5 4 2 6 5 4 2 4 1

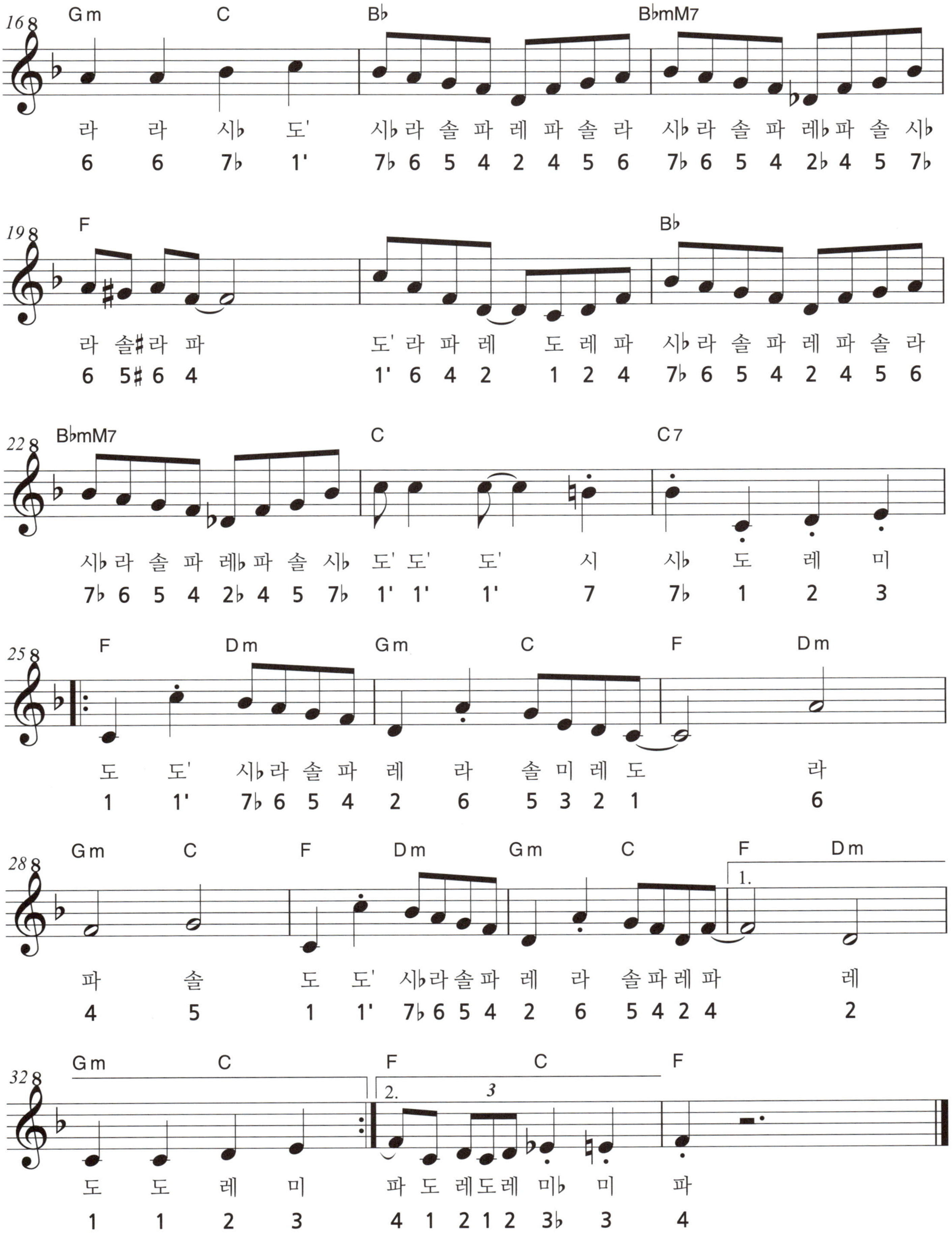
16
Gm C B♭ B♭mM7
라 라 시♭ 도' 시♭라 솔 파 레 파 솔 라 시♭라 솔 파 레♭파 솔 시♭
6 6 7♭ 1' 7♭ 6 5 4 2 4 5 6 7♭ 6 5 4 2♭ 4 5 7♭
19
F B♭
라 솔♯라 파 도' 라 파 레 도 레 파 시♭라 솔 파 레 파 솔 라
6 5♯ 6 4 1' 6 4 2 1 2 4 7♭ 6 5 4 2 4 5 6
22
B♭mM7 C C7
시♭라 솔 파 레♭파 솔 시♭ 도' 도' 도' 시 시♭ 도 레 미
7♭ 6 5 4 2♭ 4 5 7♭ 1' 1' 1' 7 7♭ 1 2 3
25
F Dm Gm C F Dm
도 도' 시♭라 솔 파 레 라 솔 미 레 도 라
1 1' 7♭ 6 5 4 2 6 5 3 2 1 6
28
Gm C F Dm Gm C F Dm
1.
파 솔 도 도' 시♭라솔파 레 라 솔파레파 레
4 5 1 1' 7♭ 6 5 4 2 6 5 4 2 4 2
32
Gm C F C F
2.
3
도 도 레 미 파 도 레도레 미♭ 미 파
1 1 2 3 4 1 2 1 2 3♭ 3 4

AR MR

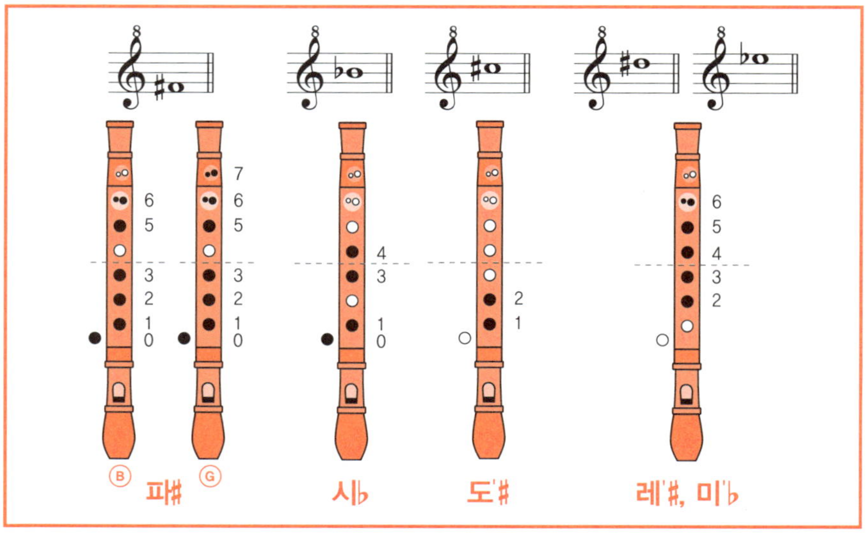
Ⓑ 파# Ⓖ
시♭
도'#
레'#, 미'♭

인생의 회전목마

하울의 움직이는 성 OST

히사이시 조 작곡

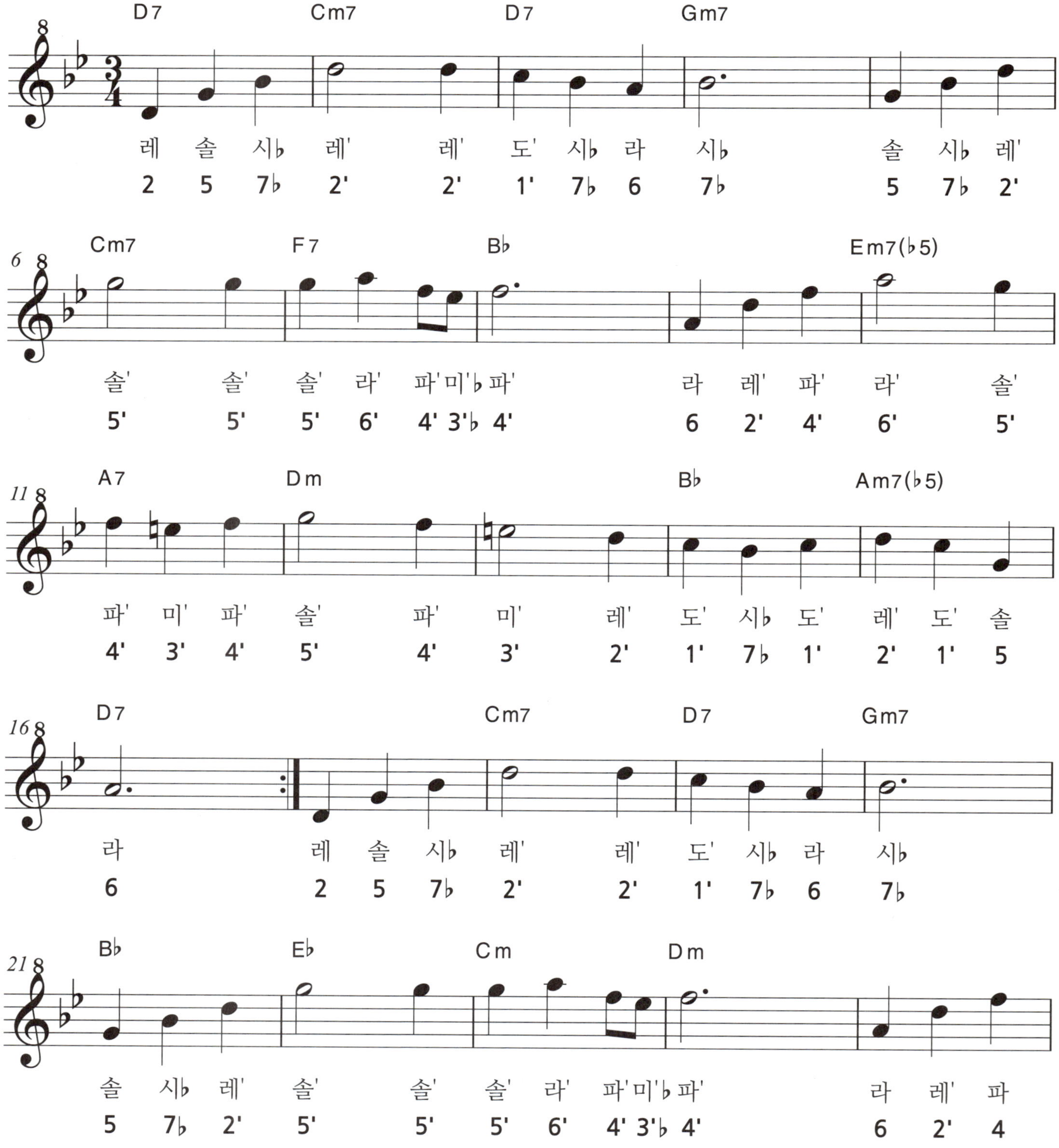
D7 Cm7 D7 Gm7
레 솔 시♭ 레' 레' 도' 시♭ 라 시♭ 솔 시♭ 레'
2 5 7♭ 2' 2' 1' 7♭ 6 7♭ 5 7♭ 2'
6
Cm7 F7 B♭ Em7(♭5)
솔' 솔' 솔' 라' 파' 미'♭ 파' 라 레' 파' 라' 솔'
5' 5' 5' 6' 4' 3'♭ 4' 6 2' 4' 6' 5'
11
A7 Dm B♭ Am7(♭5)
파' 미' 파' 솔' 파' 미' 레' 도' 시♭ 도' 레' 도' 솔
4' 3' 4' 5' 4' 3' 2' 1' 7♭ 1' 2' 1' 5
16
D7 Cm7 D7 Gm7
라 레 솔 시♭ 레' 레' 도' 시♭ 라 시♭
6 2 5 7♭ 2' 2' 1' 7♭ 6 7♭
21
B♭ E♭ Cm Dm
솔 시♭ 레' 솔' 솔' 솔' 라' 파' 미'♭ 파' 라 레' 파
5 7♭ 2' 5' 5' 5' 6' 4' 3'♭ 4' 6 2' 4

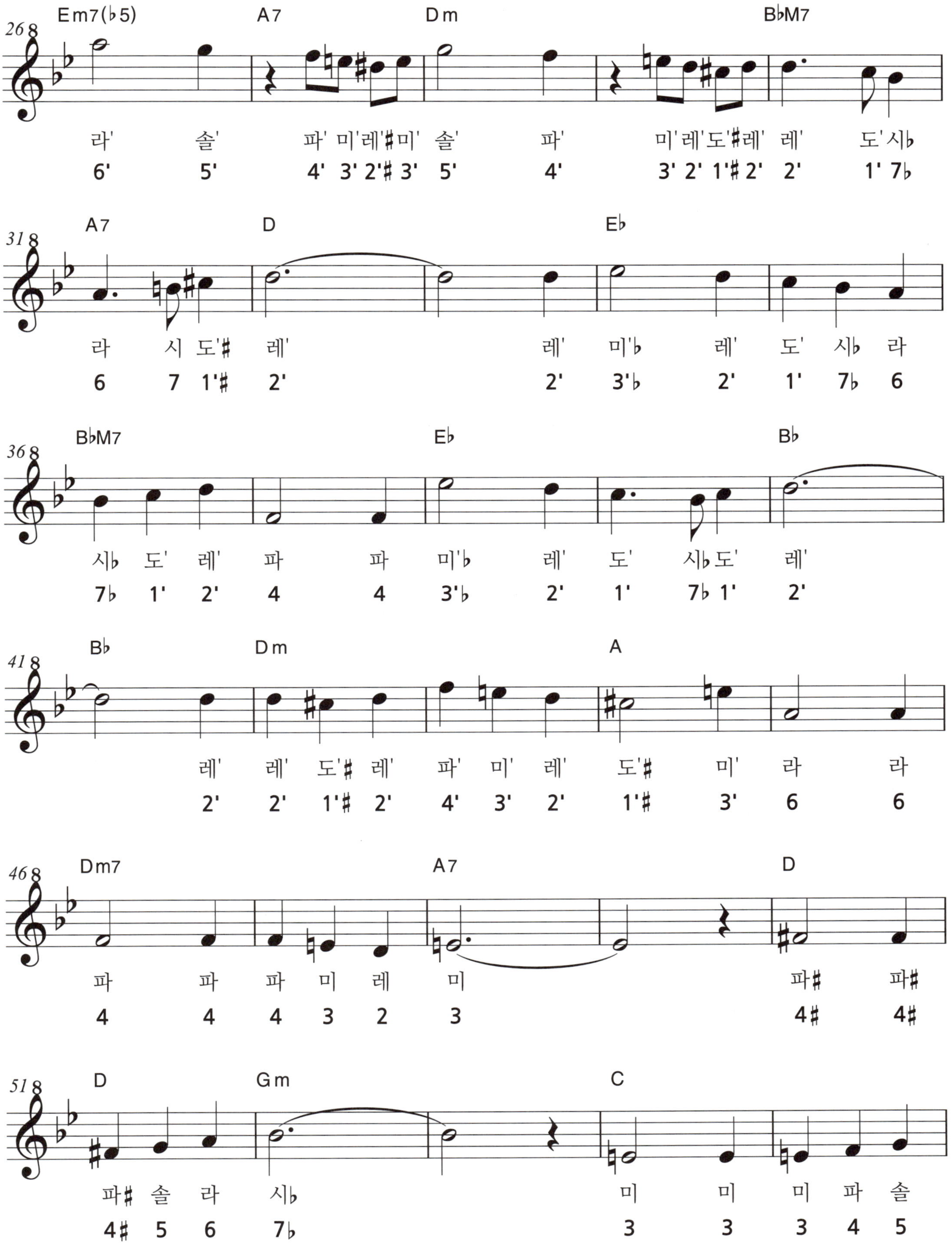

Em7(♭5) A7 Dm B♭M7
라' 솔' 파' 미'레'#미' 솔' 파' 미'레'도'#레' 레' 도'시♭
6' 5' 4' 3' 2'# 3' 5' 4' 3' 2' 1'# 2' 2' 1' 7♭
A7 D E♭
라 시 도'# 레' 레' 미'♭ 레' 도' 시♭ 라
6 7 1'# 2' 2' 3'♭ 2' 1' 7♭ 6
B♭M7 E♭ B♭
시♭ 도' 레' 파 파 미'♭ 레' 도' 시♭도' 레'
7♭ 1' 2' 4 4 3'♭ 2' 1' 7♭ 1' 2'
B♭ Dm A
레' 레' 도'# 레' 파' 미' 레' 도'# 미' 라 라
2' 2' 1'# 2' 4' 3' 2' 1'# 3' 6 6
Dm7 A7 D
파 파 파 미 레 미 파# 파#
4 4 4 3 2 3 4# 4#
D Gm C
파# 솔 라 시♭ 미 미 미 파 솔
4# 5 6 7♭ 3 3 3 4 5

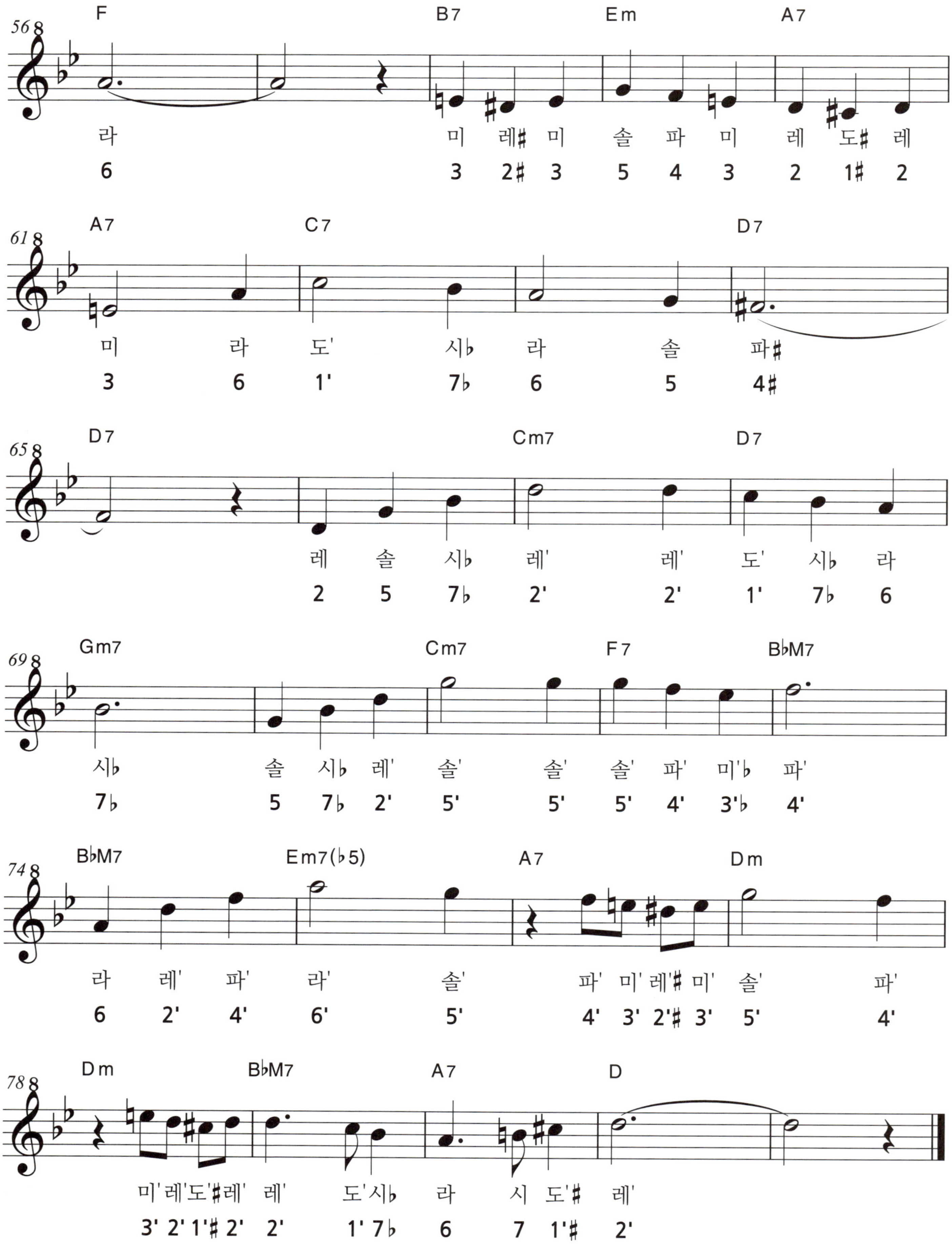
56 8
F B7 Em A7
라 미 레♯ 미 솔 파 미 레 도♯ 레
6 3 2♯ 3 5 4 3 2 1♯ 2
61 8
A7 C7 D7
미 라 도' 시♭ 라 솔 파♯
3 6 1' 7♭ 6 5 4♯
65 8
D7 Cm7 D7
레 솔 시♭ 레' 레' 도' 시♭ 라
2 5 7♭ 2' 2' 1' 7♭ 6
69 8
Gm7 Cm7 F7 B♭M7
시♭ 솔 시♭ 레' 솔' 솔' 솔' 파' 미'♭ 파'
7♭ 5 7♭ 2' 5' 5' 5' 4' 3'♭ 4'
74 8
B♭M7 Em7(♭5) A7 Dm
라 레' 파' 라' 솔' 파' 미' 레'♯ 미' 솔' 파'
6 2' 4' 6' 5' 4' 3' 2'♯ 3' 5' 4'
78 8
Dm B♭M7 A7 D
미'레'도'♯레' 레' 도'시♭ 라 시 도'♯ 레'
3' 2' 1'♯ 2' 2' 1' 7♭ 6 7 1'♯ 2'

저자

샐리쌤(우승주)

- 코나 뮤직 교육 연구소 소장
- 한국 우쿨렐레 연구회 회장
- 코나 우쿨렐레 앙상블 단장
- 대구 우쿨렐레 동호회 음악감독
- 대구 칼림바 앙상블 상임기획

학력

- 계명대학교 음악대학 피아노과 졸업
- 계명대학교 교육대학원 음악 교육학석사

SNS

- 인스타 @ukusally_music
- 유튜브 〈샐리쌤의 우쿨렐레 Music Class〉 https://bit.ly/4bD1R6v
  〈노멀뮤직〉 https://bit.ly/3yKWK5u

소속 연주그룹

재즈팝 밴드 아카시아
밴드 노멀뮤직
힐링 뮤직 그룹 아르떼비타
한국 에어로폰 오케스트라

저서

- 샐리쌤의 나의 첫 우쿨렐레
- 처음 만나는 스튜디오 지브리 칼림바 연주곡집
- 언제 들어도 좋은 1일1곡 칼림바
- 마이펫 칼림바

음반

- 디지털 싱글앨범 '내 곁에' (기획사:뱀사운드) 2021.11.30
- 디지털 미니앨범 '괜찮아 이 봄'(기획사:우승주) 2024.06

혼자서도 연주하기 쉬운

스튜디오 지브리

리코더 연주곡집

발행일 2024년 8월 30일
편저 샐리쌤(우승주)

편집진행 전수아 · **디자인** 김은경
마케팅 현석호 · **관리** 남영애, 김명희

발행처 (주)태림스코어
발행인 정상우
출판등록 2012년 6월 7일 제 313-2012-196호
주소 서울시 은평구 증산로 9길 32 (03496)
전화 02)333-3705 · **팩스** 02)333-3748

ISBN 979-11-5780-389-7-13670